Ursula Lassert

Damals
in der Stein-, Bronze- und Eisenzeit

Die sach- und kindgerechte Kopiervorlagensammlung für die 3./4. Klasse

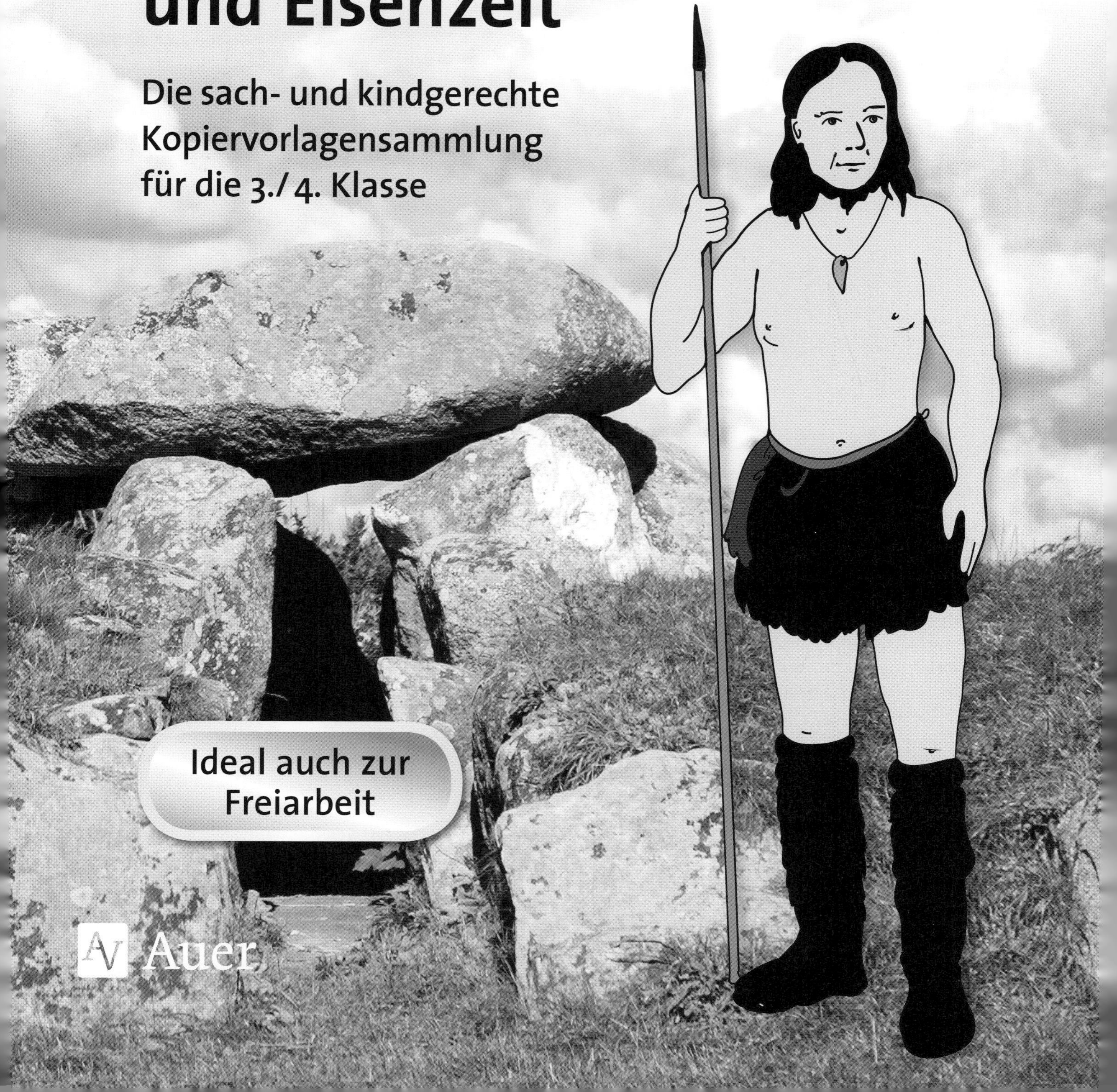

Ideal auch zur Freiarbeit

Auer

Gedruckt auf umweltbewusst gefertigtem, chlorfrei gebleichtem und alterungsbeständigem Papier.

2. Auflage 2017
Nach den seit 2006 amtlich gültigen Regelungen der Rechtschreibung

Illustrationen: Corina Beurenmeister
Umschlagfoto: pitopia.de/Almgren Bild-Nr. 902995
Umschlagillustration: Corina Beurenmeister
Satz: Fotosatz H. Buck, Kumhausen
Druck und Bindung: Franz X. Stückle Druck und Verlag, Ettenheim
ISBN 978-3-403-**07021**-4

www.auer-verlag.de

Inhaltsverzeichnis

Vorwort

Im Mittelpunkt des Buches stehen die Menschen der Stein-, Bronze- und Eisenzeit – ihre Lebensweise und ihr Alltag. Die Kinder erfahren, wie die Menschen lebten, sich kleideten, was sie aßen und wie sie nach und nach immer neue Dinge erfanden und entwickelten, die ihr Leben erleichterten. Es geht nicht um das Erlernen einzelner Jahreszahlen, sondern um das Kennenlernen und Hineinversetzen in die Menschen und den Alltag jener Zeit.
Mit diesem Buch werden die Kinder selbst zu Forschern und Entdeckern. Sie können sich hier nicht nur selbstständig Texte erarbeiten und Bilder anschauen, sondern sich auf vielfältige Art und Weise spielerisch und forschend betätigen.
Das vorliegende Buch ist für Grundschüler[1] gedacht. Die Schwierigkeitsgrade der einzelnen Blätter sind unterschiedlich, damit sowohl die schwachen als auch die schnell lernenden Schüler Lernmaterial gemäß ihren Fähigkeiten finden.
Das Buch ist besonders gut in der Freiarbeit einzusetzen, denn es bietet auf den Lösungsseiten Kontrollmöglichkeiten für alle Aufgaben. So können die Kinder schnell vergleichen und notfalls berichtigen. Für eine Klasse genügen zwei oder drei Kopien der Lösungsblätter, möglichst auf farbigem Papier.

Tipps für den Lehrer

Auf den Seiten 6–9 finden Sie vier Zeitleisten, die die Zeit von der Vorzeit bis zur Gegenwart (und darüber hinaus) abdecken. Kopieren Sie die Zeitleisten und hängen Sie sie als langes Band im Klassenzimmer auf. Diese visuelle Darstellung ist ideal, um bei Ihren Schülern ein historisches Bewusstsein anzubahnen, und hilft den Kindern, die Stein-, Bronze- und Eisenzeit geschichtlich einzuordnen.
Auf einigen der im Buch enthaltenen Arbeitsblätter sind Rechercheaufgaben, die die Schüler allein oder in Gruppen lösen können. Es handelt sich dabei um Anregungen, die Sie jederzeit nach Ihrem Geschmack und vor allem nach den persönlichen Interessen Ihrer Schüler abwandeln können. Zu den Rechercheaufgaben, bei denen es sich anbietet, finden sich im hinteren Teil des Buches Lösungen. Allerdings haben diese keinen Anspruch auf Vollständigkeit – jedes Kind soll bei seinen Recherchen eigene Entdeckungen machen und Schwerpunkte setzen dürfen. So sind die „Recherche-Lösungen“ vornehmlich für die Lehrerhand gedacht.
Selbstverständlich können Sie Ihren Schülern Auszüge daraus als Tipps an die Hand geben, die sie bei ihrer Suche auf eine Fährte bringen. Bei der Recherche im Internet bieten sich folgende Suchmaschinen, die speziell für Kinder entwickelt wurden, besonders an: www.blinde-kuh.de, www.fragfinn.de und www.helles-koepfchen.de.
Das Thema Stein-, Bronze- und Eisenzeit ist so vielfältig, dass unmöglich jeder Aspekt behandelt werden kann. Am besten achten Sie auf die Fragen und Bedürfnisse Ihrer Schüler und bieten diesen entsprechend weiteres Material an. Einige Ideen wären zum Beispiel:
Viele Kinder haben ein großes Interesse an Tieren. Daher liegt es nahe, diesen Aspekt besonders aufzugreifen. Lassen Sie die Kinder Bilder der Tiere, die während der letzten Eiszeit in unseren Breitengraden lebten, im Internet suchen und mit diesen einen Steinzeittiere-Schaukasten gestalten. Dazu werden die Bilder auf Pappe geklebt und so ausgeschnitten, dass unten eine umzuknickende Klebefläche stehen bleibt. Ein Schuhkarton wird mit Sand,

[1] Aufgrund der besseren Lesbarkeit ist in diesem Buch mit Schüler auch immer Schülerin gemeint, ebenso verhält es sich mit Lehrer und Lehrerin etc.

Steinen, Ästen und anderen Naturmaterialien so gestaltet, dass eine steinzeitliche Landschaft entsteht. Zuletzt werden die Papptiere eingeklebt. Die Schaukästen können im Klassenzimmer oder auch in Vitrinen im Schulhaus, zusammen mit einem Infotext oder den zuvor gestalteten Plakaten, ausgestellt werden.

Im Buch finden sich mehrere Seiten mit Anziehpuppen und Kleidungsstücken, die die Entwicklung der Kleidung von der Altsteinzeit zur Eisenzeit verdeutlichen. Die Anziehpuppen können vielfältig eingesetzt werden. Beispielsweise können mit ihnen Plakate gestaltet oder ein Puppentheater hergestellt werden, mit dem anschließend ein eigenes kleines Stück über die Steinzeit aufgeführt wird. Aber die Kinder können auch selbst in die Rolle eines Menschen aus der Stein-, Bronze- oder Eisenzeit schlüpfen und einen Tag in dessen Leben nachspielen. Ihrer Kreativität und der Ihrer Schüler sind dabei keine Grenzen gesetzt. Einen ganz besonderen Reiz gewinnt dieses Vorhaben, wenn sie zuvor mit den Kindern steinzeitliche Kleidung herstellen. So können sich die Schüler noch besser in die damalige Zeit einfühlen.

Sie können das Thema sehr gut fächerübergreifend behandeln. Auf dem Arbeitsblatt „Die Entwicklung der Menschen der Steinzeit 9“ (Ötzi, der Mann aus dem Eis) erfahren die Schüler, dass dieser Jungsteinmensch während seines Aufenthalts im Ötztal mit einem Pfeil erschossen wurde. Verwenden Sie dieses Ereignis als Aufhänger fürs kreative Schreiben im Deutschunterricht und lassen Sie die Kinder eine Kriminalgeschichte zum Thema „Ötzis Mörder“ verfassen.

Wie wäre es mit einem Projekttag zum Thema „Steinzeit“? Vielleicht beteiligt sich die ganze Schule daran, denn die Möglichkeiten, die sich hierzu bieten, sind äußerst vielfältig. Neben Rezepten, Bastelanleitungen, …, die Sie in diesem Buch finden, können Sie – gerade wenn Sie im Zuge eines Projekttages nicht auf eine 45-Minuten-Einheit beschränkt sind – viele spannende Aktionen mit den Schülern durchführen. Auf einer Wanderung können Sie und die Kinder wie die Steinzeitmenschen essbare Pflanzen sammeln, um diese anschließend mithilfe von steinzeitlichen Rezepten zu leckeren Speisen zu verarbeiten. Wenn Sie sich über die Genießbarkeit von Pflanzen nicht sicher sind, nehmen Sie bitte einen Pflanzenführer zur Hand.

Während der Wanderung können Sie, so wie es für die Steinzeitmenschen überlebensnotwendig war, mit den Schülern zusammen Tierspuren lesen. Nach der anstrengenden Wanderung freuen sich die Kinder sicher auf am Feuer gegrilltes Stockbrot. Entfachen Sie das Feuer so wie die Menschen der Steinzeit.

Sie können den Projekttag auch dazu nutzen, um alte Weizenarten und Kräuter anzubauen, so wie es die Menschen der Jungsteinzeit taten, als sie allmählich sesshaft wurden (siehe Arbeitsblatt „Die Nahrung der Steinzeitmenschen 7“ (Getreideanbau)).

Bevor die Menschen Häuser aus Lehm bauten, hatten sie einfache Zelte aus Naturmaterialien. Mit etwas Geschick können Sie zusammen mit Ihren Schülern ein Weidentipi bauen. Das kann ein gemütlicher Platz auf dem Pausenhof werden.

Aus Naturmaterialien kann man auch Musikinstrumente, zum Beispiel eine Flöte, basteln. Vor allem Jungen werden sich aber sehr oft für steinzeitliche Waffen interessieren. Falls Sie sich dafür entscheiden, mit Ihren Schülern Pfeil und Bogen herzustellen, dürfen Sie nicht vergessen, bereits vor dem Basteln die Regeln für den Umgang mit Pfeil und Bogen zusammen mit den Kindern festzulegen.

Mit den Gegenständen, Materialien und Informationen, die Ihre Schüler im Laufe der Zeit, in der sie sich mit Stein-, Bronze- oder Eisenzeit beschäftigen, sammeln, können Sie eine Ausstellung im Klassenzimmer oder gar im Schulhaus machen, die von den Mitschülern, Eltern und Ihren Kollegen bewundert werden kann. Ihre Schüler werden stolz sein, ihre Funde präsentieren zu dürfen.

Es wäre sicher eine echte Bereicherung, wenn die Kinder Museen oder Ausstellungen über die Stein-, Bronze- oder Eisenzeit besuchen könnten. Vielleicht können Sie den Kindern die Möglichkeit zu solch einem Ausflug geben. Es gibt im deutschsprachigen Raum zahlreiche Orte, an denen Spuren der Menschen aus jener Zeit zu sehen sind. Einige Jugendherbergen bieten spezielle „Reisen in die Steinzeit“ als Klassenfahrten an. Ein unvergessliches Erlebnis für jedes Kind!

Vorzeit und Altsteinzeit

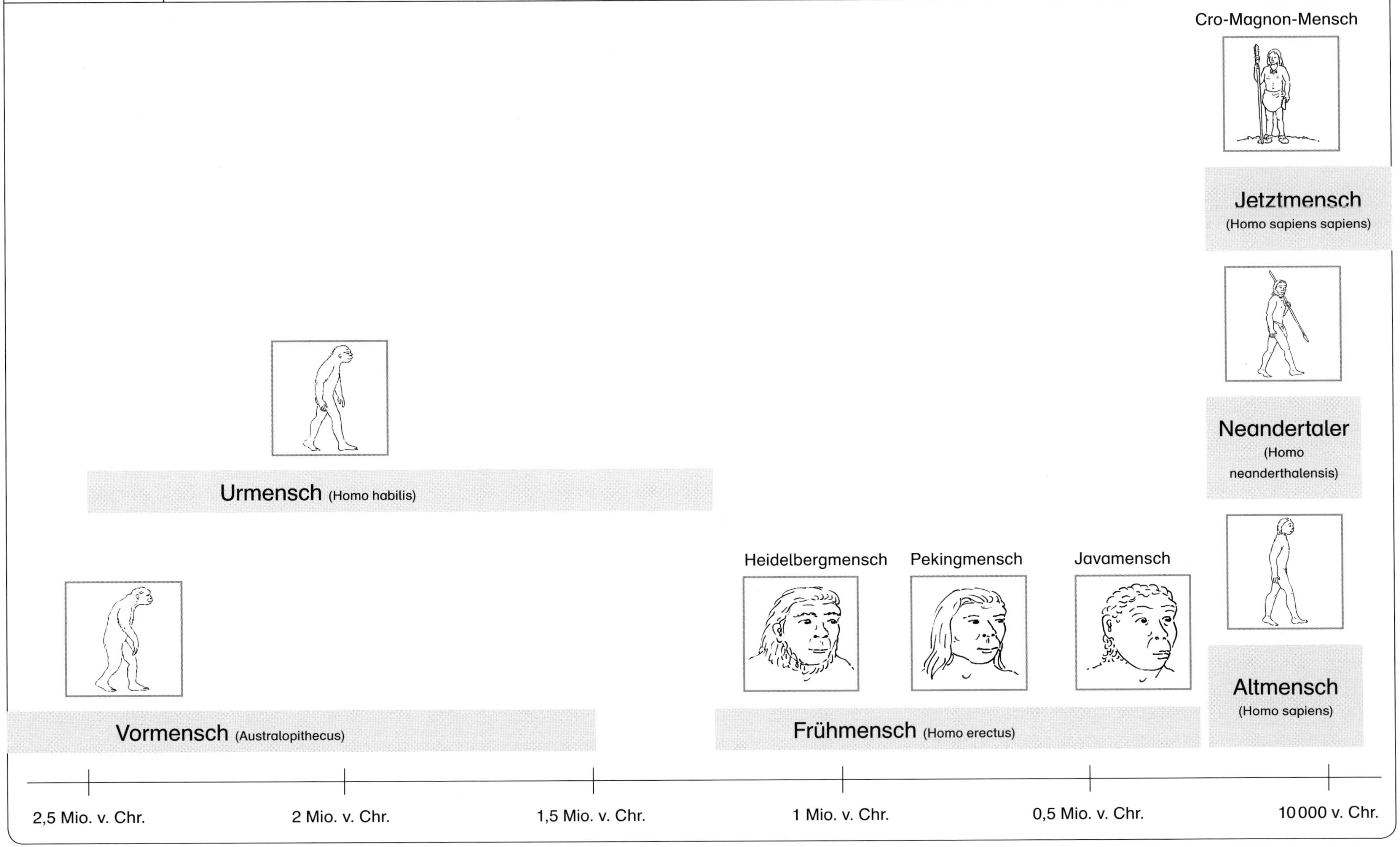

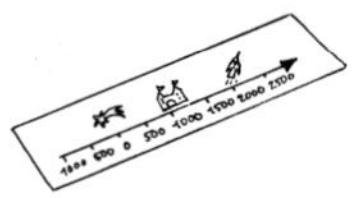

Mittel- und Jungsteinzeit, Bronze- und Eisenzeit, Hochkulturen und Antike

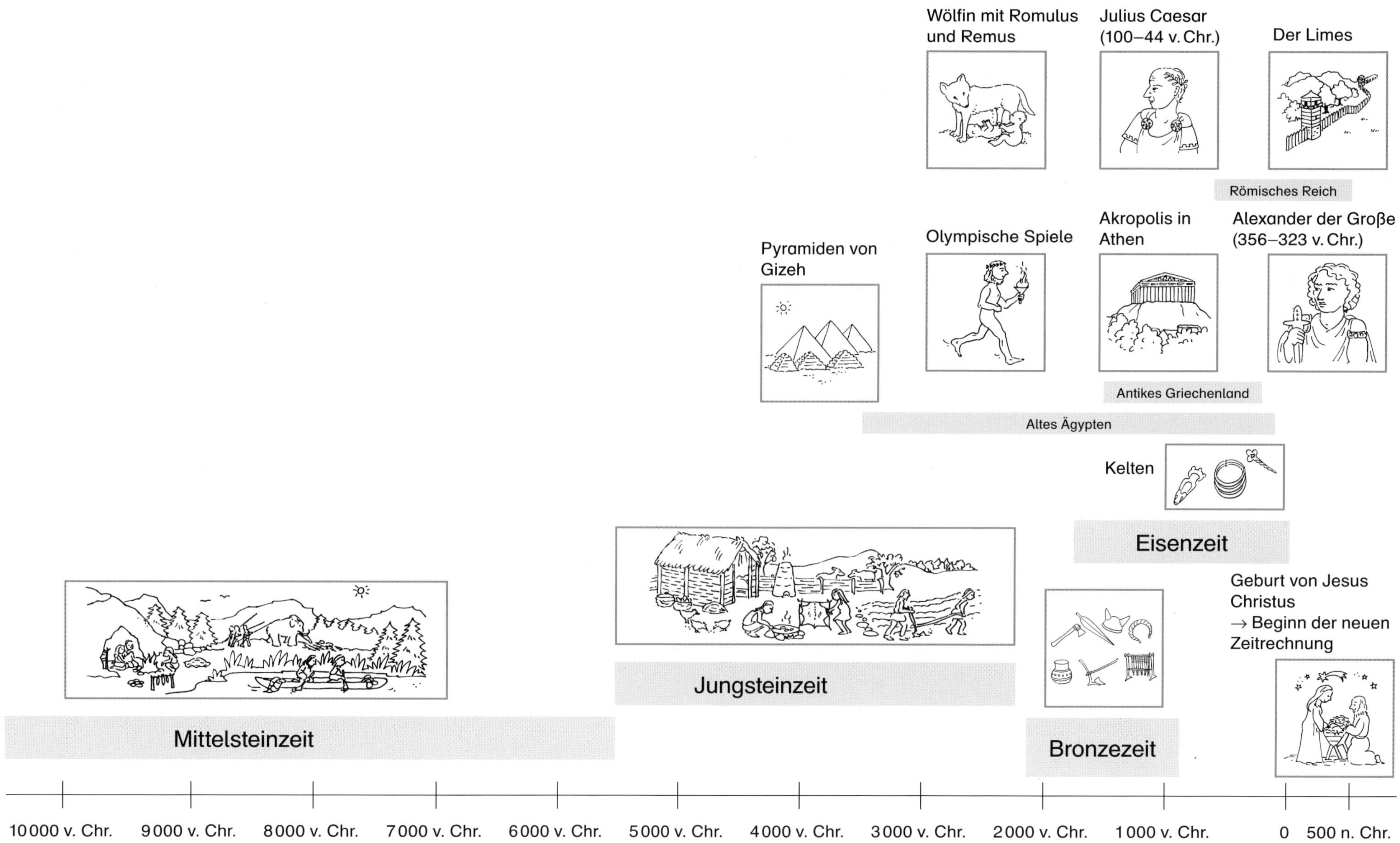

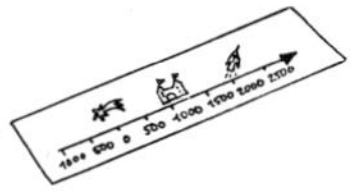

Mittelalter

Klöster als kulturelle und wirtschaftliche Zentren

Klostergründungen im Mittelalter

Entwicklung der Hanse

Hanse

Wikingerschiff

Kreuzritter

Wikinger

Kreuzzüge

Verwüstung Europas durch Überfälle der Hunnen
Völkerwanderungen → Verfall des Römischen Reiches

Ausbreitung des Christentums

Deutscher Kaiser Karl der Große (742–814)

Aufblühen von Handel und Handwerk
Entstehung der Zünfte

Kathedralenbau mit immer spitzeren Fenstern und immer höheren und schmaleren Mauern und Säulen → Gotik

Freie Städte und Reichsstädte gewinnen an Bedeutung

Friedrich I. (Barbarossa) (1122–1180)
Höhepunkt des Rittertums

Stark befestigte Burgen mit dicken Mauern
Erste Kanonen

Erfindung des Buchdrucks durch Johannes Gutenberg (1400–1468)

Entdeckung Amerikas durch Christoph Kolumbus (1492)

Frühes Mittelalter | **Hohes Mittelalter** | **Ausgehendes Mittelalter**

500 n. Chr. – 600 n. Chr. – 700 n. Chr. – 800 n. Chr. – 900 n. Chr. – 1000 n. Chr. – 1100 n. Chr. – 1200 n. Chr. – 1300 n. Chr. – 1400 n. Chr. – 1500 n. Chr.

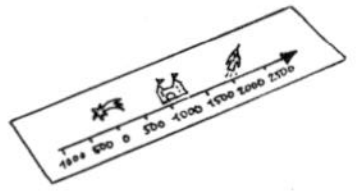

Neuzeit

Reformation durch Martin Luther (1483–1546)

Erforschung von Welt und Weltall durch Galileo Galilei (1564–1642)

Dreißigjähriger Krieg (1618–1648)

Der erste Heißluftballon

Französische Revolution (1789–1799)

Kaiser Napoleon (1769–1821)

Die ersten Autos

Der Erste und Zweite Weltkrieg

Die erste Mondlandung (1969)

Wiedervereinigung Deutschlands (1990)

Einführung der europäischen Gemeinschaftswährung Euro (2002)

Erste deutsche Bundeskanzlerin Angela Merkel (2005)

?

1500 n. Chr. | 1600 n. Chr. | 1700 n. Chr. | 1800 n. Chr. | 1900 n. Chr. | 2000 n. Chr.

Name: ______________________ Datum: ______________

Die Menschen der Vorzeit

1. Lies und unterstreiche die Stellen, die uns etwas über Aussehen und Körperbau der Vormenschen verraten.

Vor ungefähr 5 Millionen Jahren (5 000 000) gibt es die ersten menschenähnlichen Geschöpfe auf der Erde: die Vormenschen. Zu dieser Zeit sind die Dinosaurier schon seit vielen Millionen Jahren ausgestorben. Das heißt, dass nie ein Mensch einem lebenden Dinosaurier begegnet ist.

Diese Vormenschen ähneln in Aussehen und Lebensweise den Menschenaffen. Möglicherweise leben sie in Afrika zunächst wie die Affen auf Bäumen, dann aber müssen sie sich wegen klimatischer Veränderungen an das Leben in der Savanne anpassen. Mit den Affen verwandt sind sie nicht. Einige Menschenarten sind so groß wie Schimpansen, andere so groß wie der Mensch heute. Ein Fell schützt ihren Körper. Knochenfunde in Afrika zeigen, dass sie schon aufrecht gehen können.

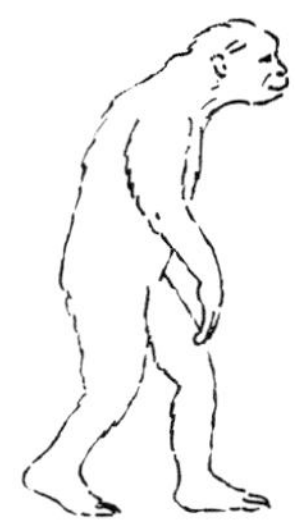

Fußabdrücke, die man in Vulkanasche gefunden hat, beweisen, dass der Mensch vor 4 Millionen Jahren (4 000 000) schon längere Strecken aufrecht geht. Er verwendet Steine und Stöcke als Werkzeuge und ernährt sich von Früchten, Körnern und Nüssen. Mit Stöcken sucht er in der Erde nach Maden und Insekten, nach Knollen und Wurzeln. Er isst Fleisch, das Raubtiere zurücklassen, denn er kann noch nicht auf die Jagd gehen. Der Mensch der Vorzeit hat noch keine Sprache, denn sein Gehirn ist noch zu klein dafür.

2. Beantworte diese Fragen. Der Text hilft dir dabei.

1) Wann gibt es die ersten menschenähnlichen Wesen? ______________________

2) Haben die ersten Menschen Dinosaurier getroffen? ______________________

3) Wem ähneln die Vormenschen? ______________________

4) Sind die ersten Menschen verwandt mit dem Affen? ______________________

5) Was verrät der Fußabdruck in der Vulkanasche von vor 4 Millionen Jahren? ________

____

6) Wovon ernähren sich die Vormenschen? ______________________

7) Welche Hilfsmittel verwenden sie bei der Nahrungssuche? ______________________

____

8) Haben die Vormenschen schon eine richtige Sprache? Begründe. ______________

____

Name:	Datum:
______________________________	______________

Der Vormensch – verwandt mit dem Gorilla?

1. Lies und unterstreiche die Aussagen über den Vormenschen.

Der Vormensch ähnelt im Aussehen dem Menschenaffen. Er hat sogar dieselbe Anzahl an Knochen und Muskeln wie ein Gorilla. Aber er stammt nicht von ihm ab. Das zeigen ganz deutlich die Unterschiede zwischen ihnen.

Er hat eine niedrige fliehende Stirn, eine flache Nase und einen vorspringenden Kiefer. Seine Zähne sind viel kleiner als die Zähne des Gorillas, dafür ist sein Gehirn größer als das des Gorillas. Das bedeutet, dass der Mensch schon damals mehr Verstand hatte als ein Menschenaffe.

Der Mensch trägt den Kopf auf der Wirbelsäule, der Gorilla trägt den Kopf schräg an der Wirbelsäule. Das Becken des Menschen ist niedrig und breit. Es ermöglicht so den aufrechten Gang. Das Becken des Gorillas ist dafür zu schmal.

Die Beine des Menschen sind lang, die Arme sind kürzer als die Beine. Der Daumen ist lang und stark. Der Mensch kann damit kräftig zupacken und schwierige Tätigkeiten ausüben, und er kann auch ganz winzige Dinge fassen, zum Beispiel eine Beere.

Die Beine des Gorillas sind kurz, seine Arme dagegen sehr lang, der Daumen ist kurz und kraftlos. Die Hände sind für das Hangeln in Bäumen nützlich, aber nicht für schwierige Aufgaben und zum Anfassen von winzigen Dingen geeignet.

Die Zehen des Menschen sind parallel. Der große Zeh des Gorillas ist als Greifzeh abgewinkelt.

2. Trage hier die Merkmale vom Vormenschen und vom Gorilla ein.

Der Vormensch 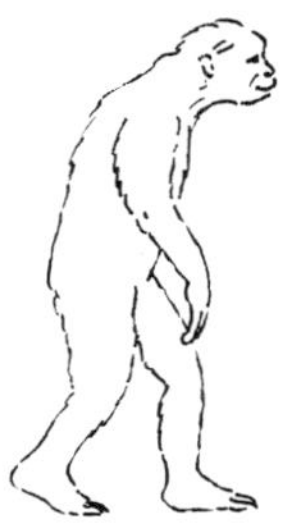

____

____

____

____

____

____

____

Der Gorilla 

____

____

____

____

____

____

____

Name: ______________________

Datum: ______________________

Die Menschen der Altsteinzeit

1. Lies und markiere die Beschreibung des Menschen vor 2,5 Millionen Jahren mit einem Leuchtmarker. Beantworte dann mündlich die Fragen.

Der Mensch vor 2,5 Millionen Jahren (2 500 000) ist dem heutigen Menschen schon recht ähnlich. Er ist ungefähr 1,20 bis 1,50 m groß und stark behaart, groß und schlank. Er lebt vom Sammeln und Jagen. Seine Arbeitsgeräte sind einfache Steine und Stöcke.

Irgendwann stellt er einen Faustkeil aus Stein her. Von da an bleibt dieser für eine Million Jahre das wichtigste Werkzeug des Menschen. Damit kann er harte Pflanzenteile zerkleinern, Tiere töten und seine Beute verarbeiten. Da der Mensch also schon sehr geschickt ist, nennt der Wissenschaftler ihn **homo habilis**. Das ist Lateinisch und bedeutet übersetzt der geschickte Mensch (homo = Mensch, habilis = geschickt).

Vor 1 Million Jahren (1 000 000) lebt der **homo erectus**, der aufrechte Mensch (homo = Mensch, erectus = aufrecht). Er wird auch Frühmensch genannt. Er kann bereits mit dem Feuer umgehen. Bei Heidelberg befindet sich die älteste Feuerstelle. Sie stammt von 400 000 v. Chr.

Vor ungefähr 200 000 Jahren entwickelt sich der wissende Mensch, der **homo sapiens** (homo = Mensch, sapiens = wissend). Er benutzt verschiedene Werkzeuge und ist ein geschickter Künstler. Er kann sprechen. Vor ungefähr 100 000 Jahren entwickelt sich der **homo sapiens sapiens**, der schon viel wissende Mensch. Er wird auch Jetztmensch genannt und ist unser Vorfahre.

1) Wie sieht der Mensch vor 2,5 Millionen Jahren aus? ______________________

2) Welches ist das wichtigste Werkzeug in der Altsteinzeit? ______________________

3) Was kann er damit machen? ______________________

____

4) Wo befindet sich die älteste Feuerstelle? ______________________

5) Wann entwickelt sich der Jetztmensch, unser Vorfahre? ______________________

2. Setze das Bild richtig zusammen. Dann siehst du, wie der Mensch sich verändert hat.

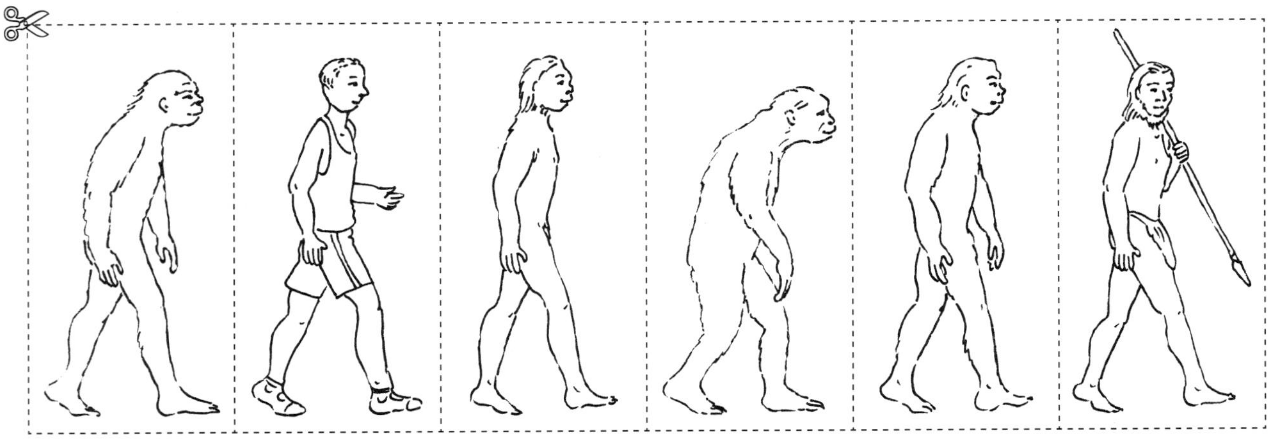

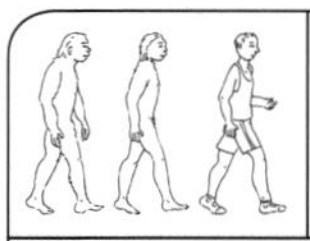

Name:

Datum:

Die Menschen der Mittel- und Jungsteinzeit

1. Lies und streiche die drei falschen Sätze durch.

Die Mittelsteinzeit dauert von 9 500 bis 5 500 vor unserer Zeitrechnung. Sie beginnt, als es in Mitteleuropa nach der letzten Eiszeit um 10 000 v. Chr. allmählich wieder wärmer wird. Endlich können sie die Sommerferien wieder am Meer verbringen. Die Menschen leben in Gruppen von 20 bis 50 Personen. Ihre Nahrung bekommen sie durch Sammeln und Jagen. Ihre Werkzeuge werden immer besser und vielseitiger. Jetzt fangen sie Fische mithilfe von Einbäumen, Netzen, Haken und Speeren.

Die sogenannte Jungsteinzeit dauert von 5 500 bis 2 200 vor unserer Zeitrechnung. Immer noch werden Waffen und Werkzeuge aus Stein hergestellt und verwendet. Aber es ändert sich vieles, sogar die Lebensweise der Menschen. Sie gehen nicht mehr auf allen Vieren, sondern endlich aufrecht. Die Menschen werden allmählich sesshaft.

Sie bauen jetzt feste Häuser aus Holz oder Stein, gründen Siedlungen, treiben Ackerbau und halten Tiere als Haustiere. Sie legen sich Vorräte für den Winter an. Und sie werden geschickte Handwerker und Künstler. Schon bauen sie die ersten Rennwagen. Sie malen und stellen Gefäße her, in denen sie Essbares für schlechte Zeiten aufheben können.

2. Ja oder nein? Kreuze an.

	ja	nein
1) Beginnt die Mittelsteinzeit vor der letzten Eiszeit?		
2) Leben in der Mittelsteinzeit die Menschen nur vom Fischen?		
3) Werden die Menschen vor der Eiszeit sesshaft?		
4) Gründen die Menschen in der Jungsteinzeit Siedlungen?		
5) Sind die Menschen der Jungsteinzeit geschickte Handwerker?		
6) Bauen die Menschen der Jungsteinzeit Rennwagen?		
7) Stellen die Menschen der Jungsteinzeit Gefäße her?		

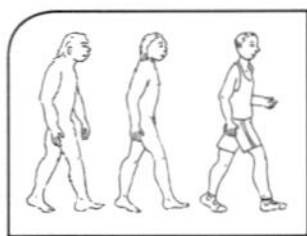

Name: ______________________ Datum: ______________

Das Klima in der Steinzeit

1. Lies den Text.

Sehr warme und sehr kalte Zeitabschnitte wechseln in den Millionen von Jahren immer wieder miteinander ab. Diese Wechsel stellen große Anforderungen an den Menschen.

Es gibt immer wieder lange sehr warme Zeitabschnitte wie zum Beispiel vor 120 000 Jahren. Damals leben hier in Europa Elefanten, Nashörner, Flusspferde und Löwen. Das Wasser in Meer und Seen steht sehr hoch.

In den kalten Zeiten herrscht eisige Kälte. Mehrere tausend Jahre kann eine Eiszeit dauern. Der Meeresspiegel ist dann so niedrig, dass man zu Fuß von Frankreich nach England und von Spanien nach Afrika gehen kann.

Heftige Schneestürme fegen über Europa hinweg. Meterhohes Eis bedeckt die Wiesen und Wälder. Es ist zeitweise bis zu 1 000 m dick. Es gibt Funde, die zeigen, dass Menschen in diesen kalten Zeiten in Europa leben.

2. Kannst du das lesen? Wenn ja, dann weißt du, welche drei Dinge in den bitterkalten Zeiten besonders wichtig für den Steinzeitmenschen waren.

REUEF – ______________________

GNUDIELK EMRAW – ______________________

NESSE SETFAHRHAN – ______________________

3. Sieh dir auf einer Karte an, wo Frankreich und England liegen. Stell dir vor, das Meer dazwischen gäbe es nicht. Wie würde sich das Leben der Menschen, die dort leben, dadurch verändern?

4. Gehe am Nachmittag eine Strecke von 1 000 m. Nun stell dir vor, dass eine so hohe Eisschicht in den Eiszeiten der Steinzeit Europa bedeckte. Was war für die Menschen, die damals lebten, dadurch anders als für dich heute?

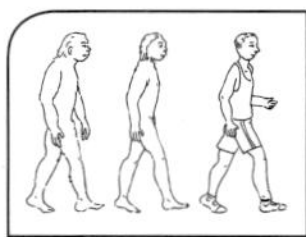

Name:

Datum:

Wer sind die Neandertaler?

Lies und schreibe zu jedem Abschnitt die passende Frage.

Der Neandertaler (homo neanderthalensis) ist ein ausgestorbener Verwandter des heutigen Menschen. Er lebt in der Alt- und Mittelsteinzeit. Er kann und weiß schon viel mehr als der Mensch vor ihm. Er hinterlässt zahlreiche interessante Spuren, die uns viel über ihn erzählen.

Wie sehen die Neandertaler aus?	Wie ist das Klima zur Zeit der Neandertaler?
Wann leben die Neandertaler?	Woher haben die Neandertaler ihren Namen?

	1) Von ungefähr 150 000 bis 30 000 Jahren vor unserer Zeitrechnung leben an verschiedenen Stellen in Europa, Afrika und Asien sehr intelligente Menschen, die Neandertaler. Sie sind sehr geschickte Jäger und haben ein gutes Sozialverhalten.
	2) Die Wissenschaftler benennen sie nach dem Tal bei Düsseldorf, in dem man 1856 bei Steinbrucharbeiten zum ersten Mal Knochen und einen Schädel dieser Menschen gefunden hat. Es sind die Neandertaler.
	3) Sie ähneln schon sehr dem heutigen Menschen. Sie sind ungefähr 1,60 m groß und sehr kräftig. Sie haben ein starkes Gebiss. Die Stirn ist flach und über den Augen haben sie starke Knochenwülste. Das Gehirn ist sogar größer als unser Gehirn.
	4) Die Neandertaler müssen mit sehr warmen Zeiten, aber auch mit Eiszeiten fertig werden. In warmen Zeiten leben sie in Zelten, in kalten Zeiten in Höhlen. Sie schlafen auf Lagern von Moos und Laub. Ein Feuer wärmt sie ein wenig und hält wilde Tiere ab. Besonders gern lagern die Neandertaler in der Nähe von Gewässern.

Name: ______________________ Datum: ______________

So leben die Neandertaler

1. Unterstreiche rot, was die Neandertaler herstellen, und blau, was sie essen.

Die Neandertaler können sich auch schon mithilfe von Sprache verständigen. Geschickt stellen sie aus Fellen, Sehnen, Hörnern und Knochen nützliche Gegenstände und Kleidung her. Es gelingt ihnen sogar, praktische Steinwerkzeuge, Holzlanzen und Speere mit Stein- und Knochenspitzen anzufertigen. Sogar so feine Werkzeuge wie Nähnadeln stellen sie her.

Sie ernähren sich von gesammelten Pflanzen und Früchten. Außerdem ziehen sie hinter den großen Tierherden her, um Bisons, Rentiere, Bären, Mammuts und Wildrinder zu erlegen. Dabei jagen sie auch kleine Tiere wie Hasen und Füchse.

Die Neandertaler pflegen Kranke und begraben ihre Toten mit Blumen, Werkzeugen und Schmuck. Das bezeugen verschiedene Funde.

Trotz der Geschicklichkeit und seines großen Wissens ist der Neandertaler nicht unser direkter Vorfahre. Vor ungefähr 30 000 Jahren ist er verschwunden. Entweder ist er ausgestorben oder er hat sich mit den nachkommenden Menschen vermischt.

2. Kreuze die richtigen Behauptungen an. Die Buchstaben hinter den richtigen Behauptungen ergeben ein Lösungswort.

☐ Der Neandertaler kann und weiß nichts. (F)

☐ Der Neandertaler kann und weiß viel. (S)

☐ Er kann nur Faustkeile aus Stein herstellen. (L)

☐ Er kann Werkzeuge und Waffen herstellen. (P)

☐ Er stellt feine Nähnadeln her. (E)

☐ Er kann noch keine Nähnadeln herstellen. (Ö)

☐ Er lebt nur von Früchten und Pflanzen. (Ü)

☐ Er lebt nicht nur von Früchten und Pflanzen. (E)

☐ Er zieht hinter den großen Tierherden her. (R)

☐ Er lebt immer an demselben Ort. (T)

☐ Er bestattet die Toten nicht. (D)

☐ Er bestattet die Toten mit Grabbeigaben. (E)

Lösungswort: ____ ____ ____ ____ ____ ____

3. Erkundige dich.
In der Nähe von Düsseldorf gibt es das Neanderthal Museum direkt am Anfang des Neandertals. Suche Infos dazu im Internet.

Name: ______________________ Datum: ______________

Die Cro-Magnon-Menschen

1. Lies den Text und beantworte anschließend die Fragen.

Schon seit ungefähr 200 000 Jahren gibt es Spuren der Cro-Magnon-Menschen (sprich: Kro-Manjo) fast überall auf der Welt: in Europa, Afrika, Asien, Amerika und Australien. Da die ersten Skelette in der Cro-Magnon-Höhle in Frankreich gefunden wurden, nennt man die Menschen nach dieser Höhle.

Der Cro-Magnon-Mensch sieht dem heutigen Europäer sehr ähnlich. Er gehört wie wir zu den homo sapiens sapiens, den „Jetztmenschen". Er ist unser Vorfahre. Er wird bis zu 1,80 m groß. Der Schädel des Cro-Magnon-Menschen ist runder, das Gesicht breiter und die Nase ist kleiner als bei den Menschen heute. Der Gesichtsschädel ist flacher als unserer und die Stirn ist gerade und hoch. Das Gehirn ist so groß wie das des heutigen Europäers.

Er hat nicht mehr die wulstigen Augenbrauenknochen wie der Neandertaler. Seine Kiefer und Zähne sind kleiner als die des Neandertalers, aber immer noch viel kräftiger und größer als unsere heute. Das ist auch nötig, denn die Nahrung damals ist natürlich viel grober als unsere Nahrung.

1) Seit wann gibt es Spuren von Cro-Magnon-Menschen? ______________________

2) Warum heißt er so? ______________________

3) Wo finden wir Spuren von ihm? ______________________

4) Wessen Vorfahre ist der Cro-Magnon-Mensch? ______________________

2. Trage in den Steckbrief die Merkmale des Cro-Magnon-Menschen ein.

Größe:	______________________
Schädel:	______________________
Gehirn:	______________________
Gesicht:	______________________
Gesichtsschädel:	______________________
Augenbrauenknochen:	______________________
Nase:	______________________
Kiefer und Zähne:	______________________

Name: ____________________ Datum: ____________________

Die Fortschritte der Cro-Magnon-Menschen

1. Lies und verbinde die passenden Satzteile. In der richtigen Reihenfolge ergeben die Buchstaben das Lösungswort.

Die Cro-Magnon-Menschen, die Jetztmenschen, sind sehr erfinderisch und geschickt. Hier siehst du einige ihrer bemerkenswerten Fortschritte.

1) Immer bessere Werkzeuge und	Ziegen, Schafe und Kühe. (H)
2) Sie gründen Siedlungen und bauen	sich immer mehr. (E)
3) Sie zähmen den Hund und züchten	Häuser aus Holz und Stein. (Ö)
4) Sie bauen Pflanzen an und leiten	Meere und besiedeln so Australien. (I)
5) Gräben werden ausgegraben	das Wasser auf die Felder. (L)
6) Sie stellen tönerne Gefäße und	Nahrungsvorräte anzulegen. (R)
7) Höhlenbilder und geschnitzte	und Harpunen erleichtern das Jagen. (L)
8) Auf Schiffen befahren sie die	Figuren zeigen ihre künstlerischen Begabungen. (B)
9) Pfeil und Bogen, Speerschleudern	andere praktische Dinge her. (N)
10) Die Toten werden bestattet und	Waffen werden angefertigt. (H)
11) Sprache und Kunst entwickeln	und Dämme errichtet. (E)
12) Sie beginnen,	bekommen Grabbeigaben. (D)

Lösungswort: __ __ __ __ __ __ __ __ __ __ __ __
1 2 3 4 5 6 7 8 9 10 11 12

2. Erkundige dich.
Suche im Internet oder in Büchern nach weiteren Informationen über die Cro-Magnon-Menschen. Präsentiere deinen Klassenkameraden, was du herausgefunden hast.

Name:	Datum:

Ötzi, der Mann aus dem Eis

1. Lies und streiche die vier Dinge durch, die es damals noch gar nicht gibt.

Im September 1991 wird im Ötztal auf 3 210 m Höhe eine männliche Leiche im Gletschereis entdeckt. Wegen dieser Fundstelle wird sie Ötzi genannt. Ötzi ist heute im Archäologischen Museum von Bozen zu sehen.

Seine Bekleidung, seine Ausrüstung und auch der Mageninhalt zeigen, dass er vor ungefähr 5 200 Jahren lebte, also in der Jungsteinzeit, die man auch die Kupfersteinzeit nennt.

Ötzis hatte ein Kupferbeil und Pfeil und Bogen bei sich. Diese Sachen und sein Handy zeigen, dass er eine wichtige Person war. Auch seine Kleidung war gut verarbeitet, wenn auch mehrmals geflickt. Einzelne Teile der Bekleidung waren aus Gras, andere aus bunter Seide und Ziegenfell, die sorgfältig mit Tiersehnen zusammengenäht waren. Untersuchungen ergeben, dass er 1,60 m groß war, 50 kg wog, dunkle Haare und blaue Augen hatte. Er ernährte sich von Fleisch, Pflanzen und Getreide sowie bunten Schokoladeneiern.

Kleidung, Ausrüstung und vor allem der goldene Reisewecker und der Glutbehälter aus Birkenrinde zeigen, dass er für einen mehrtägigen Aufenthalt im Hochgebirge ausgerüstet war. Leider hat der ungefähr 46 Jahre alte Ötzi sein Ziel nicht erreicht. Er wurde von hinten mit einem Pfeil erschossen.

2. Erstelle einen Steckbrief von Ötzi.

Alter:	
Größe:	
Gewicht:	
Haare:	
Augen:	
Nahrung:	
Bekleidung:	
Ausrüstung:	

3. Erkundige dich.
Bildet Gruppen und sucht im Internet nach weiteren Infos über Ötzi. Vergleicht Ötzis Ausrüstung mit der Ausrüstung heutiger Bergwanderer.

Name: ______________________ Datum: ______________

Die Kleidung der Steinzeitmenschen

1. Lies und gib jedem Abschnitt eine passende Überschrift.

Mühsame Näharbeit	Wunderwerkzeug Nähnadel	Kleidung aus Häuten und Fellen

____

Die Steinzeitmenschen tragen eine schützende Kleidung gegen Kälte, Wind und Regen. Sie können noch keine Stoffe weben. Deshalb sind Mützen, Jacken, Hosen, Kleider und Stiefel aus Tierhäuten und Fellen. Bevor die Tierhäute zusammengenäht werden können, werden sie mit Schabern von Fleischresten befreit und gut getrocknet.

____

Dann können die einzelnen Teile mit Tiersehnen, Tierhaaren oder Pflanzenfasern zusammengenäht werden. Dabei helfen ihnen schon vor 23 000 Jahren dünne feine Nähnadeln, die aus Knochen geschnitzt und mit Schleifsteinen poliert sind. Mithilfe der Nähnadeln können auch Zelte, Taschen, Säcke und Schuhe aus Leder und Fellen hergestellt werden.

____

Nähen ist damals eine sehr mühsame Arbeit. Mit spitzen Gegenständen muss vor jedem Nadelstich ein Loch gebohrt werden. Oft schmücken die Menschen ihre Kleider mit Perlen aus Elfenbein. Mit Gras polstern sie Schuhe und Kleider aus, damit sie wärmer sind.

2. Kreuze die richtigen Behauptungen an.

- ☐ Die Kleidung der Menschen besteht aus Fellen und Tierhäuten.
- ☐ Vor jedem Nadelstich muss ein Loch gebohrt werden.
- ☐ Die Schuhe werden mit Gras ausgestopft, damit es lustig kitzelt.
- ☐ Die Löcher vor den Nadelstichen werden nur zum Spaß gestochen.
- ☐ Die Menschen polstern die Schuhe mit Fleischresten aus.
- ☐ Die Nähnadeln werden aus Knochen geschnitzt.
- ☐ Die Schuhe werden mit Gras ausgestopft, damit sie wärmer sind.
- ☐ Mit den Nähnadeln werden auch Säcke und Zelte zusammengenäht.

3. Erkundige dich.
Forsche im Internet nach, in welchen Museen du Kleidung und Zelte der Steinzeitmenschen sehen kannst.

Eine Anziehpuppe aus der Altsteinzeit (1)

Bastle dir eine Anziehpuppe.

1) Klebe die Figuren auf Tonpapier oder Fotokarton.
2) Schneide diese dann vorsichtig aus.
3) Male die Kleidungsstücke und Gegenstände an und schneide sie ebenfalls aus.
4) Nun kannst du die Figuren bekleiden. Dazu knickst du die Papierlaschen um.

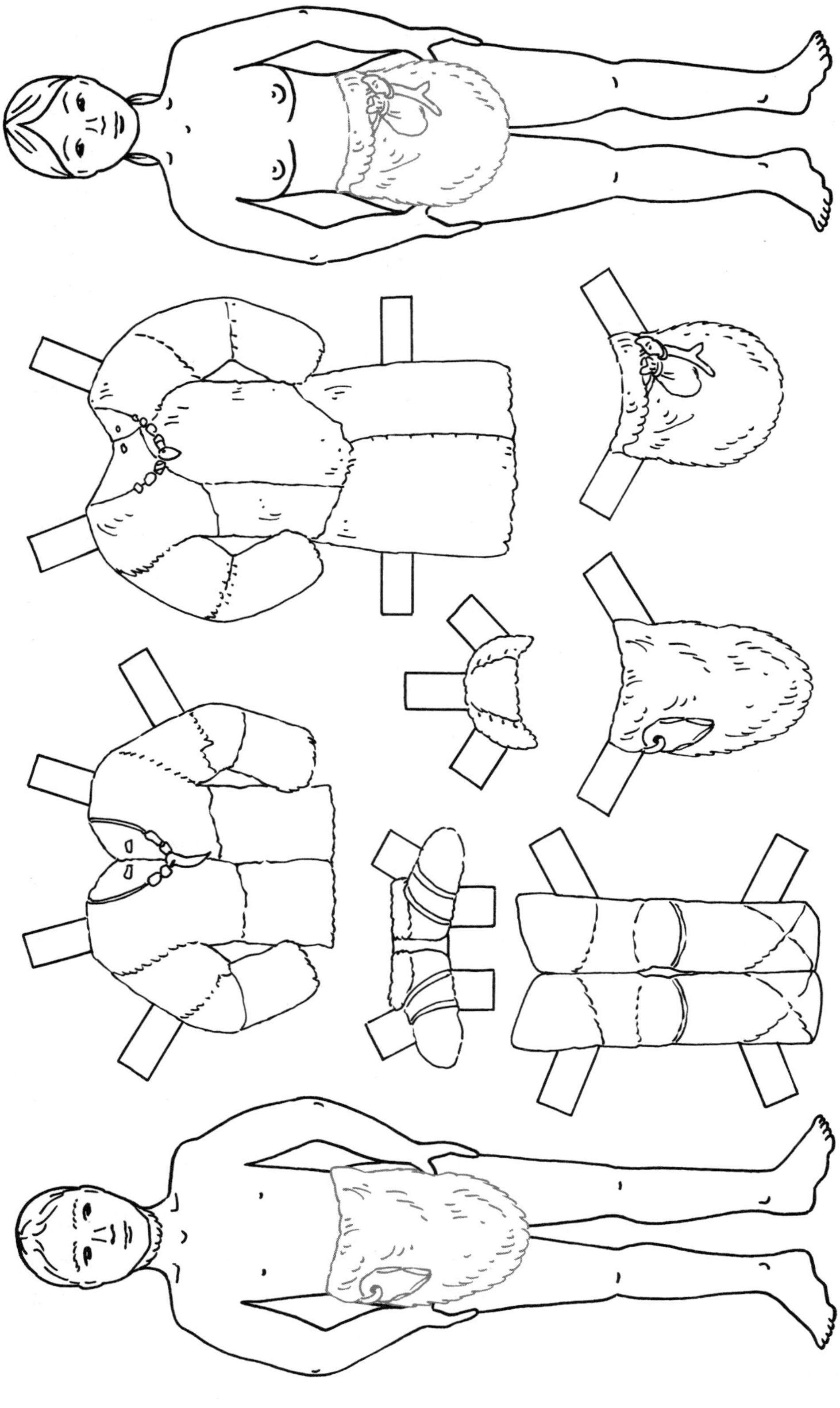

Eine Anziehpuppe aus der Altsteinzeit (2)

5) Klebe die Figuren auf Tonpapier oder Fotokarton.
6) Schneide diese dann vorsichtig aus.
7) Male die Kleidungsstücke und Gegenstände an und schneide sie ebenfalls aus.
8) Nun kannst du die Figuren bekleiden. Dazu knickst du die Papierlaschen um.

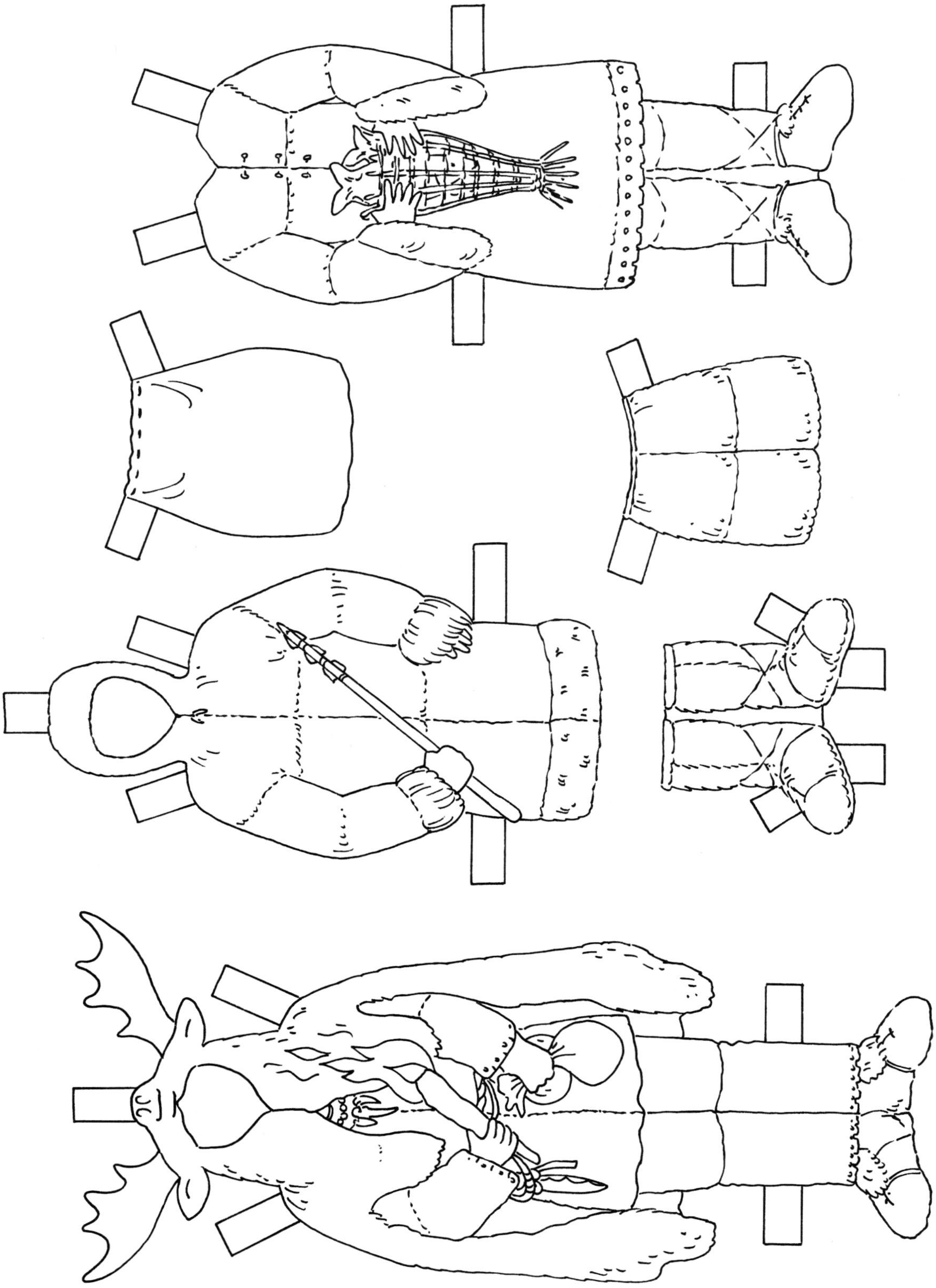

Eine Anziehpuppe aus der Jungsteinzeit

Bastle dir eine Anziehpuppe.

1) Klebe die Figuren von Seite 21 auf Tonpapier oder Fotokarton.
2) Schneide diese dann vorsichtig aus.
3) Male die Kleidungsstücke und Gegenstände an und schneide sie ebenfalls aus.
4) Nun kannst du die Figuren bekleiden. Dazu knickst du die Papierlaschen um.

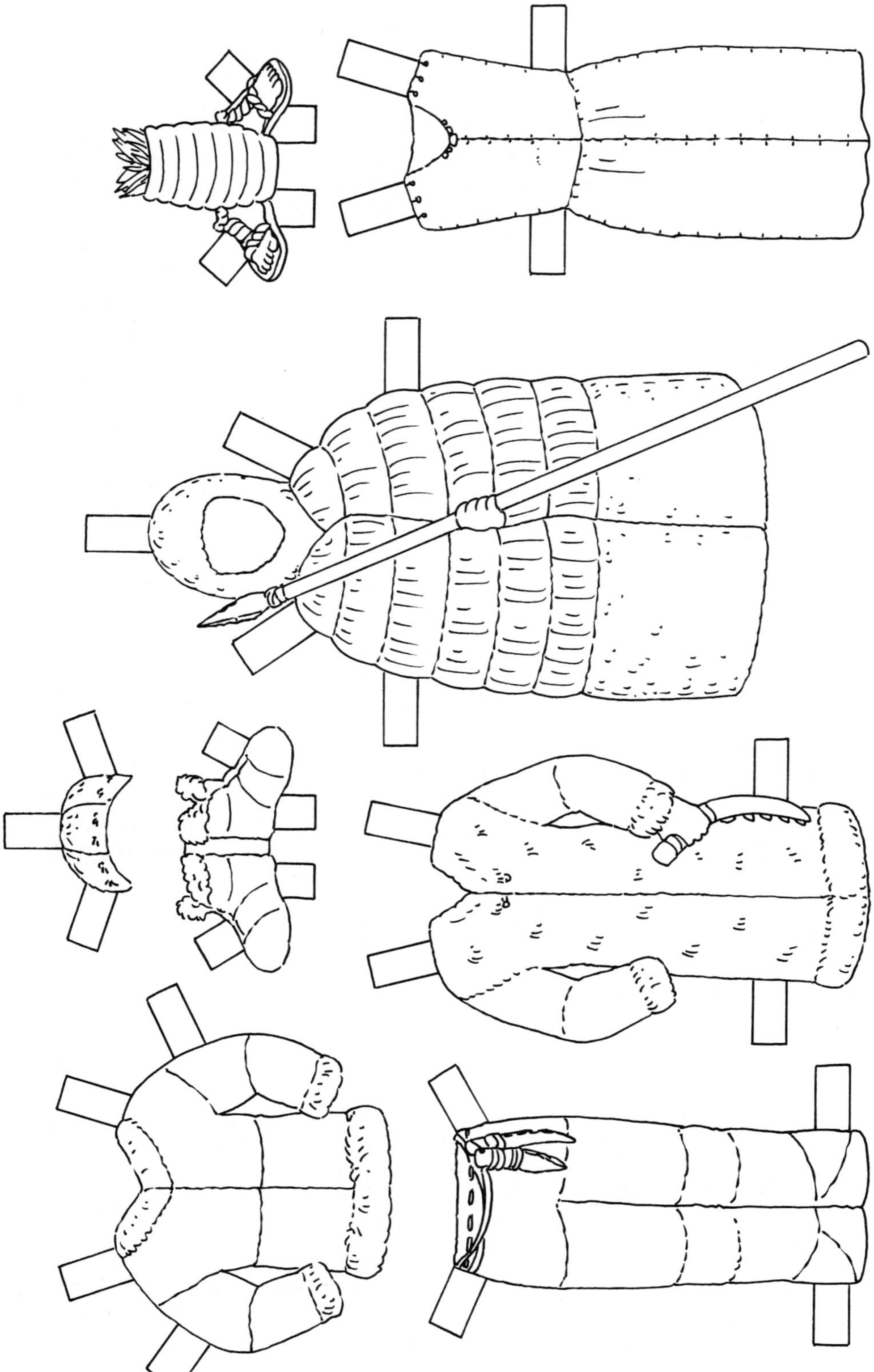

Name: Datum:

Kindheit in der Steinzeit

1. Lies und streiche die vier falschen Stellen durch.

Die Kindheit der Steinzeitmenschen ist sehr kurz. Viel Zeit zum Spielen bleibt den Kindern nicht. Vielleicht basteln sich manche Kinder selbst ein Spielzeug, aber eher ahmen sie im Spiel die Erwachsenen nach. Wahrscheinlich klettern, hüpfen, springen und laufen sie viel und trainieren so gleichzeitig Geschicklichkeit, Ausdauer und Kraft. Am liebsten sind sie mit Skateboards und Rollschuhen unterwegs.

Schon früh müssen die Steinzeitkinder helfen, Beeren, Pilze, Nüsse und andere Früchte zu sammeln. Sie müssen essbare Pflanzen und Kräuter erkennen lernen. Sicherlich können sie schon in jungem Alter mit Stöcken in der Erde nach Wurzeln und Knollen suchen. Sie müssen lernen, Vogeleier und bunte Ostereier zu finden sowie essbare Maden und Insekten zu sammeln. Sicher müssen sie auch lernen, Tierhäute zu reinigen, zu trocknen und zusammenzunähen.

Sie müssen so bald wie möglich lernen, Tierspuren zu erkennen und sich vor wilden Tieren zu schützen. Gerne besuchen sie mit ihren Hunden moderne Hundeschulen. Außerdem müssen sie lernen, Waffen und Werkzeuge herzustellen. Auch der geschickte Umgang mit Waffen und Werkzeugen, mit Feuerstein, Feuer und Feuerzeug will gelernt und trainiert werden.

Das alles ist lebenswichtig – für den einzelnen und für die Gruppe. Obwohl die Steinzeitkinder keine Schule besuchen, haben sie doch ein großes Lernpensum zu bewältigen. Ob ihr Lernstoff leichter oder schwieriger zu lernen ist als der von den Kindern heute?

2. Welchen Lernstoff würdest du lieber lernen, wenn du dich entscheiden könntest: den von heute oder den der Steinzeit? Begründe.

3. Suche dir einen Partner. Stellt euch vor, ein Kind aus der Steinzeit und ein Kind von heute würden sich treffen und könnten sich auf Deutsch miteinander unterhalten. Erfindet ein Gespräch, in dem die beiden ihren Tagesablauf oder ihre liebste Freizeitbeschäftigung miteinander vergleichen. Schreibt dieses Gespräch auf und präsentiert es euren Klassenkameraden.

Name: _______________ Datum: _______________

So wohnen die Steinzeitmenschen

1. Lies und unterstreiche die Stellen, die die einzelnen Behausungsarten erwähnen oder beschreiben.

Die Menschen der Altsteinzeit bleiben nie längere Zeit an einem Ort. Sie sind Nomaden und ziehen immer hinter den Tierherden her. Dabei benutzen sie Höhlen zum Übernachten. Sie sind Schutzraum vor wilden Tieren, aber auch Vorratskammer und Grabstätten.

Als sie Tierhäute und Felle zusammennähen können, bauen sie Zelte und zeltartige Hütten. Dazu wird ein Gerüst aus Holz aufgestellt und mit Tierhäuten überzogen. Im Inneren der Zelte gibt es eine Feuerstelle. Wenn es nichts mehr zu jagen oder zu sammeln gibt, bauen sie die Hütten ab und nehmen auf ihren Wanderungen alles mit, was sie tragen können.

Die frühesten Hütten finden wir in Thüringen. Sie sind aus der Zeit vor ungefähr 300 000 Jahren. Auch die Neandertaler (vor 150 000–30 000 Jahren) leben in Höhlen und in Zelten. Vor ungefähr 20 000 Jahren verwenden sie in Österreich und in Osteuropa Knochen und Stoßzähne als Baumaterial für ihre Hütten. Erst im Laufe der Jungsteinzeit entstehen feste Häuser aus Holz, Lehm und Stein.

2. Hier sind zwei Anleitungen für Zelte, die du selbst bauen kannst. Das erste hat vielleicht sogar Platz in eurem Schulgarten? Das zweite ist für drinnen gedacht. Vielleicht als Lesezelt in eurem Klassenzimmer?

1) Eine schattiges Sommerzelt, das mehrere Jahre hält

- Stecke lange Weidenstecken kreisförmig in die Erde.
- Binde die Spitzen dieser Weidenzweige oben zusammen, sodass es aussieht wie ein Tipi der Indianer.
- Lasse an einer Stelle Platz für den Eingang.

2) Ein Zelt aus Tüchern

- Stelle drei Stangen (Besenstiele, lange, gerade Äste, …) so auf, dass sie eine Pyramide bilden. Binde sie oben zusammen.
- Lehne drei weitere Stangen gegen die ersten drei.
- Binde die sechs Stangen mit einer Kordel zusammen.
- Lege Betttücher, Decken oder Handtücher darauf.
- Befestige diese mit Wäscheklammern aneinander.
- Lasse an einer Stelle eine Öffnung für den Eingang.

Name:

Datum:

Leben mit der Natur

Lies und beantworte dann zusammen mit deinem Partner die unten stehenden Fragen. Diskutiert mit euren Klassenkameraden über eure Ergebnisse.

Die Menschen der Steinzeit sind der Natur sehr ausgeliefert. Sie leben mit der Natur und müssen sich ihr anpassen. Wir, die heutigen Menschen, leben oft gegen die Natur, da uns technische Hilfsmittel das ermöglichen. So können wir zum Beispiel nachts ebenso viel arbeiten oder uns vergnügen wie am Tag. Licht und Heizung ermöglichen das.

Gegen die Natur zu leben wäre für die Menschen damals nicht möglich gewesen. Trotz des harten Lebens haben sie nicht aufgegeben, sondern sie sind große Erfinder und Künstler geworden. Jahrtausende wurden gebraucht, um alle diese vielen Erfahrungen und Entdeckungen zu machen, die das heutige Leben so gut erträglich und angenehm machen.

Ohne die Leistungen und Erfindungen der damaligen Menschen würde es uns heute nicht so gut gehen. Merkwürdig, dass heute viele Menschen dennoch nicht glücklich zu sein scheinen, obwohl es ihnen doch so viel besser geht als den Menschen damals.

1) Was heißt es, der Natur ausgeliefert zu sein?
2) Was bedeutet „gegen die Natur leben“? Nennt Beispiele.
3) Was haben wir, was die Menschen damals nicht hatten? Nennt Beispiele.
4) Meint ihr, die Dinge, die wir heute haben, machen uns glücklicher, als es die Steinzeitmenschen waren? Beobachtet.
5) Könntet ihr für eine Woche ohne Handy und andere moderne Hilfsmittel in der freien Natur überleben? Überlegt euch, was euch gut daran gefallen würde und was ihr ganz schrecklich fändet.

Name: ______________________ Datum: ______________

Die ersten Künstler

1. Lies. Dann unterstreiche im Text die Antworten auf die Fragen unten.

Geschnitzte Figuren und prächtige Malereien von vor mehr als 17 000 und 20 000 Jahren sind in tiefen feuchtkühlen Höhlen gefunden worden. Es handelt sich dabei oft um wunderschöne naturgetreue Bilder von Tieren und Menschen. Wir finden Bären, Löwen, Nashörner, Pferde, Stiere und Hirsche mit herrlich verzweigten Geweihen, die meistens in warmen Erdfarben gemalt sind.

Das zeigt uns, dass schon die Menschen der Steinzeit Sinn für Schönheit hatten. Geschickt passen sie die Formen ihrer Zeichnungen den Ritzen und Ausbuchtungen der Felswände an. Auch die Farbauswahl ist kein Zufall, sondern wird bewusst getroffen.

Warum diese Steinzeitbilder ausgerechnet in den dunkelsten hinteren Räumen von Höhlen gemalt worden sind, weiß niemand genau. Vielleicht wollen die Steinzeitmenschen ihre Götter und Göttinnen erfreuen oder mit diesen Bildern um Erfolg bei der Jagd bitten. Möglicherweise dürfen nur die Schamanen die Bilder sehen. Wir wissen es nicht.

1) Wann sind die ältesten Höhlenmalereien entstanden?

2) Was stellen sie dar?

3) An was passen sie die Formen ihrer Bilder an?

4) Ist die Farbauswahl zufällig oder bewusst getroffen?

5) Wo finden wir diese Steinzeitbilder?

6) Kennen wir die Gründe für den Ort der Bilder?

2. Löse die beiden Rätsel. Dann erfährst du die Namen von zwei besonders berühmten Höhlen mit besonders herrlichen Wandmalereien.

Man findet sie in Spanien in

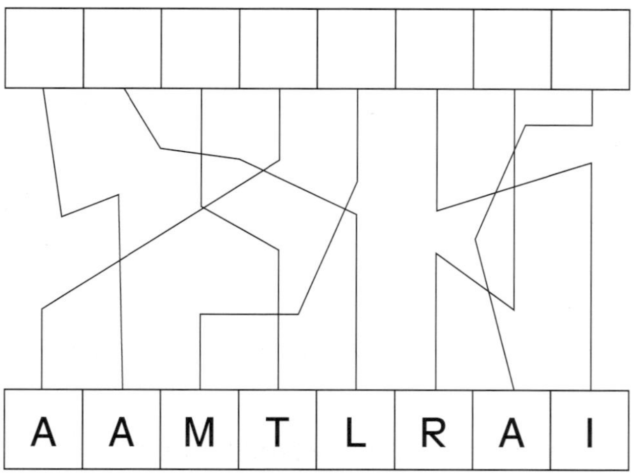

und in Frankreich in

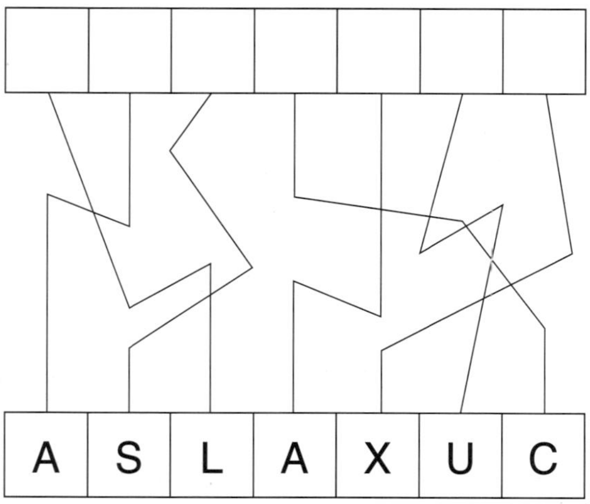

3. Erkundige dich.
Suche im Internet nach Bildern aus diesen Höhlen.

Name: ____________________ Datum: ____________________

Höhlenmalereien

1. Lies. Markiere die Bestandteile der Farben und unterstreiche, wie sie malen.

Die Steinzeitmenschen mischen ihre Farben aus Erde und verschiedenen Mineralien zusammen. Dazu nehmen sie Ocker, Holzkohle, Gesteine und Erze. Als Bindemittel verwenden sie Harze, Pflanzensäfte oder Wasser. Die Umrisse der Tiere werden in die Felswände geritzt oder mit Holzkohle gezeichnet.

Die Farbe tragen sie mit den Händen oder mit Moosbüscheln auf. Sie können sogar mit Pinseln malen. Dazu binden sie Tierhaare an schmale Horn- oder Holzstücke. Es ist auch möglich, dass sie die Farbe in den Mund nehmen und direkt auf die Felswand prusten oder sie durch Knochen- oder Holzröhrchen blasen.

2. Stelle selbst Pflanzenfarben her.

Du brauchst:

Du brauchst:	für Grün:	Kleeblätter, Salbeitee oder Spinat
	für Gelb:	Kamillentee, Möhrensaft, braune Zwiebelschalen
	für Rot:	roten Johannisbeerensaft oder Kirschsaft
	für Blau:	Heidelbeeren oder Holunderbeeren
	für Lila:	Brombeeren, schwarze Johannisbeeren oder Rotkohl
	für Braun:	Kaffee, schwarzen Tee oder Walnussblätter

So geht's:

1) Koche die Pflanzen, Beeren und Tees lange mit wenig Wasser.
2) Gieße die Säfte nach dem Abkühlen durch ein ganz feines Sieb in Gläser oder Plastikbecher.

3. Stelle selbst Holzkohle her.

Du brauchst: kleine Holzstücke, Alufolie, einen Erwachsenen mit einem Grill

So geht's:

1) Wickle die Holzstücke in Alufolie und lasse sie beim Grillen von einem Erwachsenen in die Holzkohleglut legen.
2) Nach einiger Zeit ist die Holzkohle fertig und du kannst damit zeichnen.

4. Gestalte mit deinen Naturfarben ein eigenes Höhlenbild. Male auf ein großes Stück Packpapier alles, was heute in deinem Leben besonders wichtig ist und was du gerne den Menschen zeigen möchtest, die in 20 000 Jahren leben und dann dein Stück Packpapier finden.

Name:

Datum:

Der Schmuck der Steinzeitmenschen

1. Lies den Text.

Die Steinzeitmenschen schmücken sich genauso gern wie die Menschen heute. Da sie bei der Kleidung nicht so viele Möglichkeiten haben, bemalen und tätowieren sie ihre Körper.

Mit Kämmen machen sie sich kunstvolle Frisuren. Hals, Arme und Beine schmücken sie mit Ketten, Armreifen und Fingerringen aus Mammutelfenbein, die zum Teil mit Schnitzereien verziert sind.

Oft verwenden sie diese Dinge nicht nur als Schmuck, sondern als Stammesabzeichen oder als Abschreckmittel gegen Unheil, Krankheit und böse Geister.

2. Welchen Schmuck tragen die Menschen heute? Gibt es noch immer den Brauch, Ketten und Bänder als Glücksbringer zu tragen? Wo und warum verwendest du Glücksbringer? Sprich mit deinen Klassenkameraden darüber.

3. Bastle dir eine Steinzeitkette.

Du brauchst: ein Lederband oder einen Bindfaden, Muscheln, Schneckenhäuser, Nussschalen, Obstkerne, Tierzähne, Gräten, Knochen und andere feste Dinge, die du in der Natur findest, Vogelfedern, einen dünnen Bohrer

So geht's:

1) Lasse dir von einem Erwachsenen Löcher in die Naturmaterialien bohren.

2) Ziehe die Naturmaterialien dann auf den Faden.

3) Schmücke deine Kette noch mit ein paar schönen Vogelfedern.

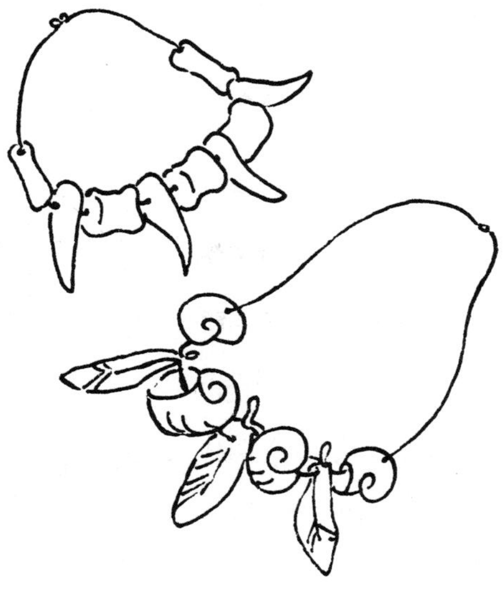

Name: ______________________ Datum: ______________

Die Religion der Steinzeitmenschen

1. Lies und unterstreiche, womit die Menschen Götter und Geister besänftigen.

Schon die Steinzeitmenschen haben – so wie heute die letzten Naturvölker – ihre Medizinmänner und Geisterbeschwörer. Diese helfen den Menschen im Kampf gegen die bösen Geister. Dass es diese gibt, daran glauben die Menschen ganz fest. Ihrer Meinung nach sind sie verantwortlich für Krankheiten und Unglücke.

Um die Götter und Geister zu besänftigen, werden Opfer gebracht, möglicherweise sogar Menschenopfer. Es werden bestimmte Rituale vollzogen, um die Götter günstig zu stimmen. Dazu können das Musizieren und das Malen von Bildern sowie das Schnitzen von Götterfiguren dienen.

2. Schreibe jeweils den im Alphabet davorstehenden Buchstaben. Dann weißt du, welche Menschen den direkten Kontakt mit Göttern und Geistern aufnehmen, in die Zukunft schauen und versuchen, kranke Menschen zu heilen.

T D I B N B O F O

Das waren die ___ ___ ___ ___ ___ ___ ___ ___ ___

N F E J ___ J O N ___ O O F S

oder ___ ___ ___ ___ Z ___ ___ ___ Ä ___ ___ ___ ___.

3. Erkundige dich.
Bildet Gruppen und sucht im Internet nach Informationen über Kultstätten und Gräber der Steinzeit, von denen man heute noch Überreste besichtigen kann. Beispiele wären Stonehenge in Südengland und die Hünengräber in Norddeutschland. Gestaltet dazu Plakate und präsentiert eure Ergebnisse vor der Klasse.

Name: ______________________________ Datum: ______________

Woher hat die Steinzeit ihren Namen?

1. Lies und beantworte dann die Fragen.

Im Nationalmuseum von Kopenhagen arbeitet um 1810 der dänische Wissenschaftler Christian J. Thomsen (1788–1865). Dort erfindet er 1819 ein praktisches Ordnungssystem. Er benennt die einzelnen Zeitabschnitte nach den damals benutzten Werkzeugen.

So nennt er den Zeitraum, in dem die Menschen vor allem Stein verwenden, die „Steinzeit“. Die Zeit, in der viele Dinge aus Bronze sind, nennt er „Bronzezeit“, und die Zeit, in der Eisen verwendet wird, nennt er „Eisenzeit“.

Die Ausgrabungsfunde überall auf der Welt verraten uns viel über die Menschen damals. Schädel und Skelette, Werkzeuge, Feuerstellen, Steinsplitter und versteinerte Knochen werden untersucht und auf ihr Alter hin geprüft. Zu den besonders ergiebigen Funden zählt z. B. Ötzi, der „Mann aus dem Eis“. Hierdurch erfahren wir besonders viel über die Lebensweise in der damaligen Zeit.

1) Wer hat die Idee, die einzelnen Zeitabschnitte nach ihren Werkzeugen zu benennen?

____

2) Wann wird dieses Ordnungssystem eingeführt?

____

3) Woher erfahren wir so viel über die Steinzeitmenschen, die doch niemals etwas aufgeschrieben haben?

____

4) Nenne einige der Fundstücke aus der Steinzeit.

____

____

2. Erkundige dich.
Suche im Internet nach Ausstellungen und Museen in deiner Region, die sich mit der Geschichte der frühen Menschen beschäftigen.

Name: ______________________ Datum: ____________

Werkzeuge und Erfindungen der Steinzeit

1. Lies und unterstreiche, was die Steinzeitmenschen erfinden und herstellen.

Die Steinzeitmenschen stellen besonders gern Faustkeile aus Feuerstein (Flint, Silex) her, denn Feuerstein ist sehr hart und gleichzeitig leicht zu spalten. Damit können sie besonders gut Werkzeuge, Waffen und andere praktische Dinge herstellen. Mit dem Faustkeil aus Feuerstein können die Menschen andere Steine, Holz, Knochen und Geweihe bearbeiten und gestalten. Sie können sie damit glätten, durchbohren und in die gewünschte Form bringen.

Im Laufe der Jahrtausende werden die Steinzeitmenschen immer geschickter und erfindungsreicher. Ihre Werkzeuge, Waffen und die anderen hergestellten Dinge werden immer handlicher und feiner. Mit der Zeit schaffen sie es, Äxte, Kratzer, Schaber, Bohrer, Messer und Speerspitzen herzustellen. Die Speerspitzen werden mit klebrigem Birkenpech an Holzspeere, Harpunen und Holzpfeile geklebt oder mit Tiersehnen daran festgebunden. Aus Knochensplittern schnitzen sie sogar dünne feine Nähnadeln.

Steinbohrer, Beile und Hämmer werden erfunden und können beim Herstellen von Zelten, Häusern, Werkzeugen, Waffen und Musikinstrumenten aus Holz, Geweihen, Knochen und Stoßzähnen erfolgreich eingesetzt werden. Eine weitere fantastische Erfindung in der Steinzeit ist die Speerschleuder. Der Speer wird in eine Schleuder eingehakt und kann sehr schnell bis zu 180 Meter weit fliegen. So können Tiere aus größerer Entfernung gejagt werden.

2. Antworte in Stichworten.

1) Welcher Stein eignet sich besonders gut als Faustkeil? Warum?

____

2) Welche Dinge werden zum Beispiel mit dem Faustkeil hergestellt?

____

3) Womit werden die Pfeilspitzen an Pfeile, Speere und Harpunen befestigt?

____

4) Kannst du mindestens drei weitere hilfreiche Erfindungen nennen?

____

Name: ______________________ Datum: ____________

Redensarten mit und rund um den Stein

1. Lies und verbinde die Redensart mit der richtigen Bedeutung. Die Buchstaben ergeben in der richtigen Reihenfolge das Lösungswort.

Wie groß die Bedeutung der Steine im Laufe der Geschichte des Menschen ist, sieht man an den vielen Wörtern mit „Stein“ und an den zahlreichen Redensarten, in denen der Stein vorkommt. Hier sind einige Beispiele.

1) der Stein des Anstoßes	von jemandem sehr gemocht werden (T)
2) Es bleibt kein Stein auf dem anderen.	Schwierigkeiten machen (L)
3) der Stein der Weisen	eine Angelegenheit in Gang bringen (E)
4) ein Stein vom Herzen fallen	sehr heftig weinen (S)
5) Steine in den Weg legen	etwas nachdrücklich versichern (I)
6) ein Herz aus Stein haben	tief und fest schlafen (N)
7) zum Steinerweichen weinen	Alles wird völlig zerstört. (A)
8) bei jemandem einen Stein im Brett haben	kein Mitgefühl haben, hartherzig sein (T)
9) den Stein ins Rollen bringen	erleichtert sein (A)
10) Stein und Bein schwören	die Lösung aller Rätsel oder Probleme (S)
11) wie ein Stein schlafen	die Ursache eines Ärgernisses (B)

Lösungswort: __ __ __ __ __ __ __ __ __ __ __
1 2 3 4 5 6 7 8 9 10 11

2. Erkundige dich.
Sieh in einem Buch über Redensarten und Sprichwörter nach, ob du noch mehr Redensarten mit Stein finden kannst.

	Name:	Datum:

Selbst gemachte Steinwerkzeuge, Specksteinfiguren und Steinzeitlampen

1. Bastle dir dein eigenes Steinwerkzeug. Sei dabei sehr vorsichtig und achte auf die Anweisungen deines Lehrers.

Du brauchst: eine Schutzbrille, Zeitungspapier, einen Feuerstein, einen Hammer, einen Apfel, ein weiches Stück Holz, eine Kartoffel

So geht's:

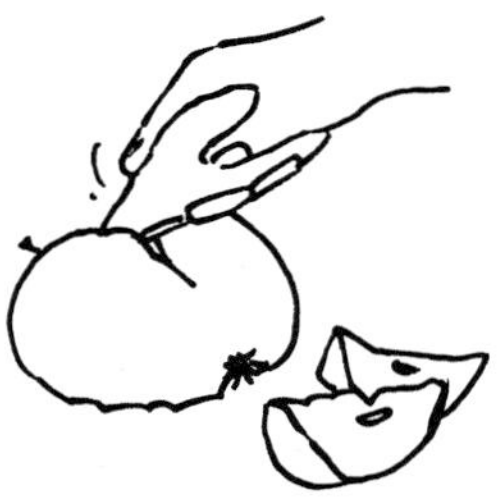

1) Setze die Schutzbrille auf.
2) Umwickle den Feuerstein mit Zeitungspapier.
3) Zerschlage den Stein mit dem Hammer.
4) Probiere mit den verschiedenen Feuersteinstücken verschiedene Tätigkeiten aus: Schneide einen Apfel, bohre ein Loch in ein weiches Stück Holz und schäle eine Kartoffel.

2. Schnitze eine Specksteinfigur.

Du brauchst: Zeichenpapier, einen Bleistift, einen Speckstein, ein Küchenmesser

So geht's:

1) Sieh dir deinen Speckstein genau an und überlege, an welches Tier dich seine Form erinnert.
2) Fertige eine Zeichnung von diesem Tier an.
3) Betrachte noch einmal genau den Stein und überlege, wo der Kopf, der Rücken usw. am besten hinpassen.
4) Schnitze deine Figur. Passe gut auf, damit du dich nicht schneidest!

3. Stelle eine Steinzeitlampe her. Das darfst du nur machen, wenn dein Lehrer dabei ist!

Du brauchst: einen weichen Stein mit einer Vertiefung, einen harten, spitzen Stein, Kerzenwachsplättchen, Topf, Herdplatte, einen Baumwollfaden

So geht's:

1) Suche einen weichen Stein mit einer Vertiefung.
2) Arbeite die Vertiefung mit dem harten, spitzen Stein weiter aus, bis eine Vertiefung von mindestens 1 cm entstanden ist.
3) Erhitze das Wachs, bis es flüssig ist.
4) Halte den Baumwollfaden in die Mitte des Loches und gieße vorsichtig das flüssige Wachs hinein.
5) Lasse das Wachs hart werden. Nun kannst du deine Steinzeitlampe anzünden.

Name: ____________________ Datum: ____________________

Das Töpfern

1. Lies den Text.

An manchen Stellen im Boden findet man weiche, klebrige Erde, die an den Füßen kleben bleibt, wenn es regnet: Tonerde. Aus ihr stellen die Menschen der Steinzeit hübsche Perlen und kleine Figuren, später auch brauchbare Schalen, Krüge und Töpfe her. Diese werden an der Luft vorgetrocknet und dann in einen brennenden Holzstapel gestellt und gebrannt. Viele haben Verzierungen, geritzte oder farbige Muster. Ton ist hitzefest, wasserdicht und haltbar. Deswegen werden besonders gern Gefäße daraus zum Kochen und zum Aufbewahren von Nahrungsmitteln hergestellt.

2. Nun bist du an der Reihe. Stelle selbst ein Gefäß aus Ton her. Diese Technik kannten bereits die Steinzeitmenschen.

Du brauchst: ein Stück Ton, einen Stein oder ein Holzstück, ein Holzstäbchen, einen Brennofen (den hatten die Steinzeitmenschen noch nicht)

So geht's:

1) Knete einen Tonklumpen weich.
2) Bilde daraus mehrere Tonkugeln.
3) Forme diese zu möglichst gleich langen und fingerdicken Tonwülsten.
4) Drücke für den Gefäßboden eine Tonkugel flach oder rolle eine Tonwulst ein.
5) Lege die Tonwülste spiralförmig aufeinander.
6) Verbinde diese mit den Händen.
7) Poliere das Gefäß mit dem Stein oder dem Holzstück.
8) Lasse es einen Tag an der Luft trocknen.
9) Ritze mit dem Holzstäbchen Muster ein.
10) Lasse das Gefäß von deinem Lehrer im Brennofen brennen.

3. Du kannst auch eine Kette oder ein Armband aus Ton herstellen.

Du brauchst: ein Stück Ton, eine Stricknadel oder einen Zahnstocher, ein Holzstäbchen, ein Stück Schnur

So geht's:

1) Knete einen Tonklumpen weich.
2) Zerteile ihn in kleine Kugeln, die du in den Händen rollst, bis sie möglichst rund sind.
3) Bohre mit der Stricknadel oder dem Zahnstocher vorsichtig ein Loch in jede Kugel.
4) Lasse sie einige Stunden trocknen.
5) Ritze Muster hinein.
6) Lasse sie gründlich trocknen und fädle sie dann auf der Schnur auf.

Name: ______________________ Datum: ______________

Der Mensch nutzt das Feuer

1. Lies und beantworte dann die Fragen zum Text.

Der Mensch ist das einzige Lebewesen, das Feuer für sich nutzen kann. Wahrscheinlich entdeckt er schon vor 2 Millionen Jahren, wie nützlich das Feuer ist. Eines Tages gelingt es ihm, seine große Angst vor Feuer zu überwinden. Die Neugierde ist größer als die Angst und er nimmt ein wenig von dem Feuer, auf das er zufällig trifft. Das kann bei einem Vulkanausbruch oder einem Blitzeinschlag sein.

Mit der Zeit entdeckt er, dass er durch Nachlegen von Holz oder trockenen Blättern das Feuer eine Weile am Brennen halten kann. Die Entdeckung, das Feuer für sich nutzen zu können, ist sensationell. Sie verändert sein Leben.

Es bringt ihm Licht, Wärme und Schutz vor wilden Tieren. Jetzt kann er sich auch in kälteren Regionen aufhalten. Und irgendwann entdeckt er zufällig, dass gebratenes Fleisch besser schmeckt und leichter zu verdauen ist.

1) Welchen mutigen Versuch unternimmt der Mensch vor 2 Millionen Jahren?

____

2) Wieso verändert diese Entdeckung sein Leben?

____

3) Wie schafft er es, das Feuer eine Weile am Brennen halten?

____

4) Kann er mit dieser Entdeckung nun auch schon selbst Feuer herstellen?
Was meinst du?

____

5) Hat der Mensch immer schon gekochtes und gebratenes Fleisch gegessen?

____

2. Erkundige dich.
Bildet Gruppen und sucht Antworten auf folgende Fragen: Wie wird ein Feuerchen in der Natur gemacht? Was wird dazu benötigt? Worauf muss geachtet werden? Was kann über dem Feuer alles gegrillt werden?

Name:

Datum:

Der Mensch beherrscht das Feuer

1. Lies und kreise den Abschnitt ein, der das Feuermachen erklärt.

Obwohl der Steinzeitmensch das Feuer bereits nutzen kann, ist er weitere Jahrtausende lang darauf angewiesen, das Feuer aus der Natur zu nehmen, wenn es irgendwo ausgebrochen ist. Erst ungefähr eine Million Jahre später gelingt es ihm, selbst Feuer herzustellen.

Es mag sein, dass eines Tages beim Bearbeiten von Steinen ein Funken ins Gras fliegt und es entzündet. Von nun an versucht er, mithilfe von Steinen und Hölzern Feuer zu entzünden.

Schließlich lernt er, dass er mit Reibhölzern oder Feuersteinen, dem Schwefelkies Pyrit und trockenen Zunderpilzen ein Feuer entfachen kann. Auch durch das Drehen eines „Feuerbohrers“ (Holzstab in einem Holzloch) kann er Gras oder Zunder (trockener Baumpilz) in Brand setzen.

2. Entfache selbst ein Feuer nach Steinzeitart. Mache das aber nur, wenn ein Erwachsener dabei ist, und passe gut auf. Hier sind zwei verschiedene Möglichkeiten.

Du brauchst: einen Holzstab, eine Weichholzplatte, Holzmehl oder trockenes Moos

So geht's:

1) Nimm einen Holzstab zwischen die Hände.
2) Stelle das eine Ende auf eine Weichholzplatte.
3) Reibe die Handflächen rasch gegeneinander. Dann dreht sich der Stab wie ein Quirl oder Bohrer. Mit der Zeit beginnt das Weichholz, an der Stelle, wo der Stab auftrifft, zu glimmen. Denn durch die Reibung entsteht Hitze.
4) Lege nun Holzmehl oder trockenes Moos auf die Stelle und schon brennt es.

oder:

Du brauchst: zwei Feuersteine, Papier

So geht's:

1) Schlage die beiden Feuersteine so lange gegeneinander, bis Funken sprühen.
2) Fliegen die Funken auf brennbares Material (das Papier), beginnt es zu brennen. Pass auf, dass in der Nähe kein anderes Material ist, das Feuer fangen kann.

In beiden Fällen eine mühselige Arbeit, nicht wahr?

Name:

Datum:

Wie verwendet der Steinzeitmensch das Feuer?

1. Lies und gib jedem Abschnitt die passende Überschrift.

Feuerstellen verraten uns viel | Feuer bringt Licht und Wärme | Lagerfeuer fördern die Gemeinsamkeit

____

Die Beherrschung des Feuers verändert das Leben der Menschen. Nun haben sie Licht und Wärme, die ihnen das Leben erleichtern. Sie können sich länger an einem Ort aufhalten, auch wenn es dort kalt ist. Das Feuer bringt Wärme in Höhlen und Hütten. Es hält gefährliche Tiere fern.

____

Das Feuer fördert das gemeinschaftliche Leben zwischen den Menschen und möglicherweise dadurch auch die Entwicklung der Sprache. Denn nun können sich die Menschen bei Dunkelheit um das Lagerfeuer setzen und ihre Nahrung gemeinsam zubereiten und essen. Das gebratene Fleisch liefert dem Körper mehr Energie und fördert damit auch die körperliche und geistige Entwicklung der Menschen.

____

Feuerstellen verraten den Wissenschaftlern viel über Ess- und Lebensgewohnheiten der Menschen. Die älteste Feuerstelle, die man gefunden hat, stammt von vor ungefähr 400 000 Jahren aus der Nähe von Heidelberg.

2. Richtig oder falsch? Kreuze an.

	richtig	falsch
1) Das Feuer erschwert das Leben, weil es gefährlich ist.		
2) Feuerstellen verraten uns Ess- und Lebensgewohnheiten der Menschen.		
3) Das Feuer erleichtert den Menschen das Leben.		
4) Das Feuer ermöglicht den Aufenthalt in kalten Gegenden.		
5) Gebratenes Fleisch macht krank und dumm.		
6) Das Feuer fördert das gemeinschaftliche Leben.		
7) Das Feuer zerstört die Lebensgemeinschaften.		
8) Feuerstellen verraten uns viel über die Kleidung der Menschen.		

Name:

Datum:

Die Nahrung der Steinzeitmenschen

1. Lies und schreibe die passende Frage dazu.

Werden Nahrungsmittel aufgehoben?
Wie ist die Nahrung der Steinzeitmenschen?
Was verzehren sie?

Die Nahrung der Steinzeitmenschen ist sehr abwechslungsreich und richtet sich nach den Angeboten der Jahreszeiten und Gegenden. Dass der Mensch ein Allesesser ist, erleichtert ihm das Überleben.

Sie verzehren das Fleisch von erlegten Tieren und essen dazu die Pflanzen, die auf den Wanderungen gesammelt werden. Das sind zum Beispiel Blätter, Wurzeln, Samen, Früchte, Nüsse, Pilze und Kastanien. Maden und Insekten sind nahrhafte und leckere Abwechslungen. Honig von wilden Bienen ist das einzig Süße, das es gibt. Harz von bestimmten Bäumen dient als Kaugummi.

Wenn ein Gebiet leer gesammelt ist oder die Tiere weiterziehen, dann zieht auch die Sippe weiter. Manchmal werden Nahrungsmittel durch Trocknen haltbar gemacht oder in Vorratsgruben oder Höhlen aufgehoben. Aber meistens wird auf Vorrat gegessen, um für schlechte Zeiten gerüstet zu sein.

2. Hier findest du einige Nahrungsmittel der Steinzeitmenschen. Ordne sie richtig ein.

Nüsse Fische Beeren Vögel Kastanien Rentiere Sonnenblumenkerne
Löwenzahn Pferde Bisons Eier Salbei Mammuts Pilze
Brennnesseln Wollnashörner Trauben Wurzeln Hirsche

Pflanzliche Nahrungsmittel	**Tierische Nahrungsmittel**

Name: ______________________ Datum: ______________

Auf der Jagd

1. Lies den Text.

Bis zur letzten Eiszeit, die vor ungefähr 10 000 Jahren endet, ziehen in Europa viele Tierherden umher. Die Menschen damals wandern hinter den Tierherden her und warten auf die Gelegenheit, ein totes Tier zu finden, das sie essen können.

In den folgenden Jahrtausenden gehen die Menschen auf die Jagd. Dazu sammeln sich die Männer in Gruppen und scheuchen die großen Tiere mit brennenden Zweigen und Ästen in Fallgruben oder in seichte Sümpfe, wo sie dann einige wenige Tiere mit Steinbrocken, Stoßlanzen oder Holzspeeren töten. Dabei sterben viele Tiere umsonst.

In der Jungsteinzeit gibt es daher kaum noch große Tierherden. Nun muss Jagd auf Einzeltiere gemacht werden. Dazu verwenden die Jäger Speerschleudern, später Pfeil und Bogen.

2. Im Text stehen drei Arten, wie die Steinzeitmenschen an Tierfleisch kamen. Beschreibe sie in deinen eigenen Worten.

3. Hier sind acht Tiere versteckt, die von den Steinzeitmenschen gejagt wurden. Schreibe sie in die passenden Kästchen.

BISONSMOSCHUSOCHSENPFERDEWOLLNASHÖRNERMAMMUTSRINDERRIESENHIRSCHEBÄREN

W

M

R

B

P

M

B

R

4. Erkundige dich.
Wähle eines der Tiere aus und informiere dich in Büchern oder im Internet über sein Aussehen, seine Lebensweise, ... Gestalte ein Plakat und präsentiere es deinen Klassenkameraden.

Name:

Datum:

Wie bereiten die Steinzeitmenschen ihr Essen zu?

1. Lies und schreibe zu jedem Abschnitt die passende Überschrift.

Endlich nicht nur rohes Fleisch — Der Kochtopf der Steinzeit — Jagdbeute hilft überleben

____

Wenn bei der Jagd ein Tier erlegt wird, ist das ein großartiges Erlebnis für alle. Das Überleben in den nächsten Wochen ist gesichert, denn es gibt für alle genug Fleisch zu essen. Auch gibt es wieder Knochen, Stoßzähne und Geweihe, die zu Waffen, Werkzeugen und anderen praktischen Dingen verarbeitet werden, und genügend Fell und Häute für Kleidung, Zelte und Gefäße.

____

Das Fleisch und die Innereien werden gegessen. In den ersten Jahrtausenden kann Fleisch nur roh verzehrt werden. Die Beherrschung des Feuers und andere wichtige Erfindungen ermöglichen es irgendwann, das Fleisch am Spieß über offenem Feuer oder auf heißen Steinen zu braten.

____

Weitere Erfindungen über die Jahrhunderte hinweg ermöglichen es eines Tages, Fleisch und Pflanzen zu kochen. Dazu werden Lederbeutel oder gereinigte Tiermägen benutzt. Der Beutel wird in eine Kochgrube getan und mit einem Stock verschlossen. Dann wird er mit Wasser gefüllt. Glühende Steine werden hineingeworfen, damit das Wasser heiß wird. Darin können nun Fleisch und Pflanzen gekocht werden. Besonders eignen sich dazu Granit-, Basalt- und Quarzsteine.

2. Unterstreiche oben im Text die Antworten auf die Fragen.

1) Welche Teile eines erlegten Tieres verwenden die Steinzeitmenschen?

2) Welche Teile des Tieres werden verzehrt?

3) Wie werden diese Teile gegessen?

4) Woraus bestehen die Beutel, in denen Fleisch und Pflanzen gekocht werden?

5) Womit wird das Wasser erhitzt?

6) Welche Steine sind dazu am besten geeignet?

3. Mithilfe der Fragen und der unterstrichenen Antworten kannst du nun sicher eine kurze Zusammenfassung mit deinen eigenen Worten geben. Schreibe sie auf ein Plakat und zeichne Bilder dazu. Präsentiere dein Plakat deinen Klassenkameraden.

Name: ______________________ Datum: ____________

Pflanzen sammeln und essen

1. Lies und markiere mit einem Leuchtmarker die Pflanzen, die ganz oder teilweise essbar sind.

Viele Blüten und Blumen, die wir im Garten, auf Wiesen oder an Wald- und Feldrändern finden, sind essbar. Dazu gehören zum Beispiel Kräuter wie Basilikum, Salbei, Thymian, Majoran, Schnittlauch und Petersilie, aber auch Gänseblümchen, Klee, Schafgarbe, Phlox, Rosen, Nelken, Lavendel und Chrysanthemen. Aber Vorsicht, oft können nicht alle Teile einer Pflanze gegessen werden!

So sind zum Beispiel bei Rosen, Nelken, Lavendel und Chrysanthemen nur die Blütenblätter essbar, aber nicht die Stempel, Staubgefäße, Stängel oder Blätter. Wichtig ist auch, darauf zu achten, woher die Pflanzen stammen. Man sollte nur Pflanzen aus dem eigenen Garten nehmen oder im Feinkost- oder Gemüseladen kaufen, denn in der freien Natur können die Pflanzen mit Pflanzenschutzmittel belastet oder von Tieren verschmutzt worden sein. Vorsichtshalber solltest du nichts ohne die Zustimmung deiner Eltern sammeln und essen.

2. Beantworte die Fragen.

1) Wo wachsen essbare Pflanzen?

____

2) Kannst du vier oder fünf Pflanzen nennen, die essbar sind?

____

3) Sind von den essbaren Pflanzen immer alle Teile essbar?

____

4) Warum sollten wir zum Essen nur Pflanzen aus dem eigenen Garten oder aus dem Feinkost- oder Gemüseladen nehmen?

____

____

3. Erkundige dich.
Du lernst noch viel mehr über Pflanzen, wenn du in Pflanzenbestimmungsbüchern, in Kräuter- oder Kochbüchern oder natürlich im Internet nach Informationen suchst. Wähle eine essbare Pflanze aus und präsentiere sie mit ein paar möglichen Rezepten deinen Klassenkameraden.

Name: ______________________ Datum: ______________

Steinzeitliche Wildkräuterrezepte

Lies die Rezepte, wähle eines aus und bereite es mit deinen Mitschülern zu.

Löwenzahnsalat

1) Sammle im Frühjahr vor der Blütezeit die zarten grünen Blätter des Löwenzahns.
2) Wasche sie gründlich.
3) Bereite eine Salatsoße aus Salz, Pfeffer, Essig und Öl zu.
4) Gib eine klein geschnittene Zwiebel und die Löwenzahnblätter hinzu.
5) Rühre gut um und fertig ist ein herrlicher Löwenzahnsalat. Guten Appetit!
6) Wenn du magst, kannst du auch Petersilie und Schnittlauch hinzufügen.

Vorsicht, nicht die Löwenzahnstängel mit ihrem milchigen Saft essen! Die Stängel sind giftig.

Pfefferminztee

1) Schau an Bachläufen nach Pfefferminzpflanzen. Du erkennst sie an ihrem starken Duft. Lasse sie von einem Erwachsenen prüfen.
2) Zupfe eine Handvoll Blätter ab und gib sie in eine Kanne mit heißem Wasser. Pass dabei auf, dass du dich nicht verbrennst.
3) Lasse das Gemisch ein paar Minuten ziehen. Fertig ist ein gut schmeckender Pfefferminztee, der besonders an heißen Tagen gut tut.
4) Du kannst Pfefferminzblätter auch auf der Fensterbank im Sonnenschein trocknen lassen und die getrockneten Blätter in einem Glas aufheben. So hast du immer Teeblätter für eine Tasse Tee bereit.

Name:

Datum:

Ackerbau und Viehzucht

1. Lies den Text und beantworte dann die Fragen.

Die Menschen der jüngeren Steinzeit, etwa ab 4 000 vor unserer Zeitrechnung, beginnen, sesshaft zu werden und Siedlungen zu gründen. Sie roden Wälder, pflanzen Obstbäume und bauen auf dem gewonnenen Land Gemüse und Getreide an.

Dieser große Entwicklungsschritt in der Geschichte der Menschheit ist nur möglich, weil der Mensch Jahrtausende lang dafür Erfahrungen gesammelt und sich die Fähigkeiten dafür angeeignet hat. Jetzt ist der Mensch in der Lage, den Zeitraum von einem Jahr zu überblicken. Das ist sehr wichtig, denn die Feldarbeit muss ja sinnvoll über das Jahr verteilt werden.

Nun kann er für den Winter größere Vorräte anlegen und Haustiere halten, um ständig Fleisch, Milch und Eier zu haben. Dazu gehören Schaf, Ziege, Rind und gegen Ende der Jungsteinzeit auch das Pferd. Ackerbau und Viehzucht machen ihn unabhängiger von den Wetterbedingungen.

Der Kampf um das Überleben ist nicht mehr ganz so hart wie in den Jahrtausenden davor. Allmählich nimmt die Bevölkerungszahl zu. Jedoch gibt es einen großen Nachteil: Die Gesellschaft teilt sich mehr und mehr in Arm und Reich.

1) Was muss der Mensch können, um Ackerbau zu betreiben?

____

2) Welchen Vorteil hat es, Haustiere zu haben?

____

3) Wieso kann die Bevölkerungszahl zunehmen?

____

2. Streiche die Tätigkeiten durch, die damals noch nicht möglich waren.

Getreide ernten	Nahrungsmittel haltbar machen	Autos reparieren
Porzellantassen herstellen	Getreide mahlen	Brotfladen backen
Fahrräder flicken	Gemüse pflanzen	Glasfenster einbauen
Zeitungen drucken	Ziegen melken	Gefäße aus Ton bilden

Name:

Datum:

Getreideanbau

1. Lies den Text.

Vor ungefähr 10 000 Jahren beginnen die Menschen, Ackerbau und Viehzucht zu betreiben. Sie sind nicht länger Jäger und Sammler, sondern werden sesshafte Bauern und Viehzüchter.

Die Menschen beobachten, dass Körner, die achtlos auf den Boden gefallen sind, im nächsten Jahr in der Erde keimen und dass aus ihnen Getreidehalme wachsen. Also beginnen sie im nächsten Jahr, einige Körner absichtlich auf den Boden zu streuen und so ein kleines Feld anzulegen. Das ist der Beginn des Getreideanbaus.

2. Baue selbst Getreide an.

Du brauchst: Getreidekörner (z. B. ganze Weizenkörner aus dem Reformhaus), eine Schale, Blumenerde, Wasser, ein sonniges Plätzchen

So geht's:

1) Fülle deine Schale mit Erde, bis sie fast voll ist.
2) Streue einige Getreidekörner darauf.
3) Decke sie mit etwas Erde zu und drücke die Erde mit der Faust fest.
4) Wasche dir gründlich die Hände.
5) Stelle die Schale an einen sonnigen Ort und gieße sie regelmäßig. Die Erde muss immer feucht sein, damit die Getreidekörner gut wachsen können.
6) Beobachte über mehrere Wochen, was passiert.
7) Führe ein Getreide-Tagebuch.

3. Mahle Mehl wie die Steinzeitmenschen.

Du brauchst: eine harte, flache Steinplatte, einen runden, etwas länglichen Stein, einige Getreidekörner

So geht's:

1) Schütte einige Getreidekörner auf die Steinplatte.
2) Zerreibe die Körner mit dem Stein.

Name: ______________________ Datum: ______________

Das Ende der Steinzeit

Lies und unterstreiche die Antworten auf die Fragen, die unter dem Text stehen.

Vor ungefähr 5 000 Jahren geht die Steinzeit langsam zu Ende. Die Menschen werden mehr und mehr sesshaft, bauen Siedlungen und feste Häuser. Aus den Jägern und Sammlern werden Künstler, Handwerker, Ackerbauern, Händler und sogar Metallarbeiter.

Da ist als erstes Metall Kupfer. In Tirol gibt es mehrere Stellen, in denen schon in der Jungsteinzeit Kupfererze abgebaut und verarbeitet werden. Das gebrochene und zermahlene Erz wird in einem Ofen bei 1 000 Grad geschmolzen.

Diese Temperatur entsteht, wenn man Holzkohle verbrennt und dieser mithilfe von Blasebälgen Luft zuführt. Nach mehreren Schmelzvorgängen erhält man das Kupfer. Auch Ötzi, der „Mann aus dem Eis“, trägt ein Kupferbeil bei sich.

Zwischen 3 500 und 2 300 v. Chr. werden aus dem Kupfer Schmuck, Werkzeuge und Waffen hergestellt. Daher nennen wir den letzten Zeitabschnitt der „Jungsteinzeit“ auch „Kupfersteinzeit“. Kupfer und Stein sind zu der Zeit wichtige Werkstoffe. Die Kupfersteinzeit geht allmählich über in die Bronzezeit.

1) Was geht vor ungefähr 5 000 Jahren zu Ende?

2) Was wird aus den Jägern und Sammlern?

3) Welches Metall wird abgebaut und verarbeitet?

4) Was wird daraus hergestellt?

5) Wie nennt man das Ende der Jungsteinzeit auch?

6) Wie wird der darauf folgende Zeitabschnitt genannt?

Name:

Datum:

Der Beginn des Metallzeitalters

1. Lies den Text und unterstreiche die Wörter, die dir im Text besonders wichtig sind.

Die Jungsteinzeit oder Kupfersteinzeit (von 5000 bis 2000 v. Chr.) geht allmählich in die Bronzezeit (ungefähr 2000 bis 1000 v. Chr.) über. Die Menschen werden immer geschickter darin, Metalle zu bearbeiten. Sie schmelzen und bearbeiten Kupfer, Zinn, Gold und Silber. In diesem Zeitraum der Menschheitsgeschichte beginnt das Metallzeitalter.

Um 2000 v. Chr. gelingt es den Menschen, aus einer bestimmten Mischung von Kupfer und Zinn die Bronze herzustellen. Diese Mischung kann mühelos in alle gewünschten Formen gegossen werden. Bronze ist härter und für vieles besser geeignet als Kupfer. So entstehen immer häufiger Waffen, Werkzeuge und Schmuck aus Bronze.

Für die folgenden 1000 Jahre ist neben dem Stein die Bronze der wichtigste Werkstoff. Wir nennen diesen Zeitabschnitt deshalb die Bronzezeit.

2. Schreibe die unterstrichenen Wörter auf deinen Notizblock und erzähle deinen Klassenkameraden nur mithilfe deiner Notizen, was du im Text erfahren hast.

3. Setze die Wörter richtig zusammen und schreibe sie auf. Dann siehst du, welche neuen Berufe in dieser Zeit entstehen.

Metall-	-ler	______________
Bron-	-flechter	
Korb-	-arbeiter	______________
Hand-	-lenmacher	
Glasper-	-leute	______________
Händ-	-werker	
Berg-	-zegießer	______________

4. Erkundige dich.
Sieh im Internet nach, wie viele Kupferanteile und wie viele Zinnanteile gemischt werden, damit Bronze entsteht.

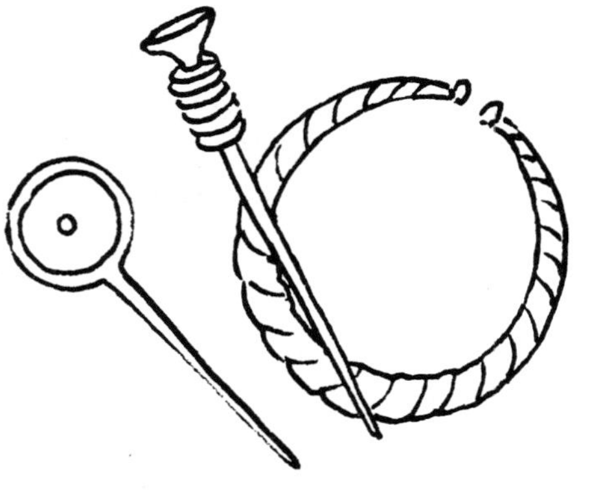

Name: ______________________ Datum: ______________

Hütten und Häuser in der Bronzezeit

1. Lies und unterstreiche die beiden Freilichtmuseen, in denen du noch heute Häuser der Bronzezeit sehen kannst.

In der Jungsteinzeit und in der Bronzezeit werden um 1 000 v. Chr. in Nordeuropa feste Hütten aus Holz, Lehm oder auch aus Stein gebaut. Das können mehrere kleine Hütten oder auch sogenannte Langhäuser aus Holz mit einem Dach aus Stroh sein, in dem mehrere Familien wohnen. Solche Häuser kannst du in Hitzacker an der Elbe in einem Freilichtmuseum besichtigen.

In manchen Gegenden werden Pfahlbauten gebaut. Pfahlbauten entstehen zwischen 3 350 und 800 v. Chr. an vielen Stellen in Europa auf dem Land und auf dem Wasser. Dicke Holzpfähle werden in die feuchte Erde oder in den Boden eines Sees gerammt. Diese stützen hölzerne Plattformen, auf denen dann die Häuser gebaut werden. Jedes Haus hat eine Feuerstelle. Solche Pfahlbauten kannst du im Freilichtmuseum in Unteruhldingen am Bodensee besichtigen.

Zwischen den sesshaften und den umherziehenden Gruppen kommt es immer wieder zu Streitigkeiten. Deshalb beginnen die Sesshaften damit, sich mit steinernen Häusern, Wällen und Schutzmauern gegen Fremdlinge zu schützen.

2. Erkundige dich.
Bildet Gruppen und verteilt die Aufgaben. Ein Teil von euch sucht im Internet nach Informationen über die beiden Freilichtmuseen. Der andere Teil sieht im Internet nach, ob es auch in eurer Nähe Reste von Siedlungen oder andere Spuren aus der Bronzezeit gibt. Präsentiert eure Ergebnisse.

3. Suche im Atlas mindestens acht Ortsnamen mit den Endungen -berg, -bach, -brück, -furt, -münde, -rode. Sie weisen darauf hin, ob der Ort am Wasser, an einer Furt oder einer Brücke liegt oder ob dort Wald gerodet wurde. Findest du im Internet Informationen zu ihrer Entstehung, die du deinen Klassenkameraden präsentieren kannst?

____

____

____

Name: ______________________ Datum: ______________

Wichtige Erfindungen in der Bronzezeit

1. Lies und markiere in jedem Abschnitt die erwähnte Entdeckung oder Erfindung mit einem Leuchtmarker.

Ab 2 000 v. Chr. machen die Menschen immer häufiger wichtige Entdeckungen und Erfindungen. Eine besonders wichtige Erfindung in jener Zeit ist der Pflug. Das ist ein dicker hakenförmig gebogener Ast, mit dem man Rillen in die Erde ziehen kann. Das erspart das Bohren vieler einzelner Löcher, um die Aussaat hineinzutun. Eine weitere Verbesserung bringt die Idee, den Pflug von einem Tier, dem Ochsen, ziehen zu lassen. So lässt sich eine noch größere Fläche schnell bearbeiten.

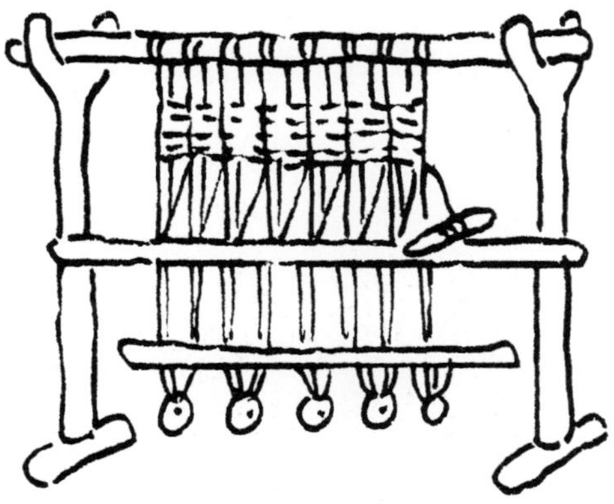

Jahrtausende lang transportiert man die Sachen auf Ästen, dann auf Rundhölzern. Schließlich hat jemand die Idee, eine runde Scheibe aus dem Rundholz als Rad zu verwenden. Das Rad ist erfunden! Von diesem Schritt ist es nicht weit bis zur Achse, die zwei Räder miteinander verbindet, sie drehbar macht und den Wagen rollen lässt.

Auch Spinnrocken und Webstuhl sind Meilensteine auf dem Weg zu einem besseren Leben. Denn sie ermöglichen das Herstellen dünnster Fäden und feinster Tücher.

2. Erkundige dich.
Wähle eine der im Text genannten Erfindungen aus und finde im Internet oder in Sachbüchern mehr darüber heraus. Fasse deine Ergebnisse in einem kurzen Text zusammen. Sammle Bilder dazu, klebe sie mit deinem Text auf ein Plakat und präsentiere es deinen Klassenkameraden.

Name:	Datum:
______________________	______________

Schriften, Siegel und Stempel

1. Lies und beantworte dann die Fragen, indem du die Antworten mit Leuchtmarker im Text hervorhebst.

Das Leben der Menschen in der Bronzezeit und in der darauf folgenden Eisenzeit verbessert sich immer mehr. Aber es gibt große Unterschiede zwischen Südeuropa und Nordeuropa. So ist die Bronzezeit zum Beispiel auf der Insel Kreta und an einigen Orten in Griechenland um 2200 und in Nordeuropa erst um 1800 v. Chr.

In Griechenland und auf Kreta finden sich Spuren von Häusern mit mehreren Etagen, Palästen mit Säulen und Vorhallen, Dächern mit Dachziegeln, Hafen- und Lagergebäuden, herrlich geschmückten Amphoren (Gefäße) und Kannen, in denen Waren gelagert werden, und Felsengräbern, die auf prachtvolle Beerdigungen schließen lassen.

Die Menschen dort können rechnen, lesen und schreiben. Über weite Strecken treiben sie Handel mit Salz, Tierfellen, Metallen, Schmuck, Bernstein, Gold, Werkzeugen, Waffen, Kleidung usw.

1) Ist die Bronzezeit überall zur gleichen Zeit?
2) Wo ist die Bronzezeit eher?
3) Wo finden sich in Südeuropa Spuren von herrlichen Bauten und Gefäßen?
4) Was können die Menschen dort?
5) Womit handeln sie?

2. Mit den Schriften entstanden auch Siegel. Diese wurden aus Steinen hergestellt. Dabei wurden oft Tierdarstellungen verwendet. Stelle dir ein eigenes Siegel her.

Du brauchst: Zeitungspapier, eine große Kartoffel, ein Schneidebrett, ein Messer mit kurzer, glatter Klinge, einen Filzstift, Wasser- oder Acrylfarben, ein Wasserglas, Papier

So geht's:

1) Decke deinen Tisch mit Zeitungspapier ab.
2) Halbiere die Kartoffel der Länge nach.
3) Zeichne mit dem Filzstift ein beliebiges Motiv (z. B. ein Tier oder auch einen Buchstaben) auf die glatte Seite der Kartoffel. Beachte dabei, dass beim Drucken alles seitenverkehrt abgebildet wird.
4) Die Teile, die außerhalb deines Motivs liegen, musst du aushöhlen, damit sie später nicht gedruckt werden.
5) Pinsle jetzt die erhabenen Stellen der Kartoffel gleichmäßig und nicht zu dünn mit Farbe ein und drücke sie auf das Papier. Fertig ist dein Siegel.

Name:	Datum:

Die Kelten, ein „Volk“ der Eisenzeit

1. Lies den Text.

Die Epoche der Kelten fällt in die Eisenzeit. Die Kelten sind eine Mischung verschiedener Volksstämme. Die Römer nennen diese Volksstämme Gallier. Spuren von den Kelten finden wir in ganz Europa bis hin zur Türkei.

Obwohl die keltischen Volksstämme über ganz Europa verteilt sind, haben sie eine gemeinsame Kultur, Sprache und Kunst. Sie sind klug und tüchtig, aber auch sehr kriegerisch. Sie sind ausgezeichnete Reiter.

Von der hohen Kunst der Kelten ist nicht viel überliefert worden. Sie haben kaum etwas aufgeschrieben, obwohl sie schreiben konnten. Das Schreiben war für sie nicht wichtig. Sie befürchteten, dass die Menschen sich durch das Schreiben nicht mehr genug Mühe geben würden, das Wissen im Gedächtnis zu behalten. Wissen wurde von ihnen vor allem mündlich weitergegeben. Die Redekunst stand bei ihnen in besonders hohem Ansehen. Ihre Schrift verwenden sie fast nur für Eintragungen von Gedenktagen und Begräbnissen. Grabstätten und andere Fundstellen verraten uns jedoch viel über sie.

2. Richtig oder falsch? Kreuze an.

	richtig	**falsch**
1) Die Kelten leben in der Kupferzeit.		
2) Sie leben nur in England.		
3) Die Kelten leben in der Eisenzeit.		
4) Sie leben in ganz Europa.		
5) Sie geben ihr Wissen nur schriftlich weiter.		
6) Die keltischen Volksstämme haben nichts Gemeinsames.		
7) Sie geben ihr Wissen nur mündlich weiter, obwohl sie schreiben können.		
8) Alle keltischen Volksstämme haben eine gemeinsame Kultur, Sprache und Kunst.		

3. Welche Vorteile hat die Schrift im Gegensatz zur mündlichen Sprache? Wozu wird Schrift verwendet?

Name: ______________________ Datum: ______________

Eisenverhüttung, Ackerbau und Viehzucht

1. Lies und beantworte dann die Fragen zum Text.

Besonders große Erfolge haben die Kelten im Salzabbau und bei der Eisenverhüttung. Daher besitzen sie bessere Werkzeuge und Waffen als die Römer. Ihre Pflüge sind aus Stahl und werden von Stieren und Pferden gezogen. Die Pflüge sind so stark, dass sie die Erdscholle umgraben. Die römischen Pflüge können dagegen die Erde nur ritzen.

Die Kelten sind geschickte Handwerker und Metallarbeiter, aber auch tüchtige Bauern. Sie bauen mehrere Getreidearten wie Emmer, Einkorn, Dinkel, Hirse und Gerste an. Sie essen Gemüse, Obst und Linsen, Erbsen und Ackerbohnen. Sie trinken Milch und Bier, manchmal auch Wein. Sie halten verschiedene Haustiere. Dazu gehören Pferde, Rinder, Schweine, Schafe, Ziegen und Hühner. Sie jagen Elche, Bären, Wildschweine und Hirsche.

1) Worin haben die Kelten besonders große Erfolge?

____

2) Worin unterscheidet sich der Pflug der Kelten von dem der Römer?

____

3) Welche Getreidearten bauen die Kelten an?

____

4) Was essen und trinken die Kelten?

____

____

5) Welche Haustiere halten sie?

____

2. Erkundige dich.
In diesem Text sind mehrere Begriffe, bei denen du vielleicht nicht genau weißt, was sich dahinter verbirgt. Wähle dir einen der Begriffe aus und informiere dich in Büchern oder im Internet über die Bedeutung. Erkläre den Begriff deinen Klassenkameraden.

Name: ______________________ Datum: ______________

Die Druiden

1. Lies und verbinde die passenden Satzteile. In der richtigen Reihenfolge ergeben die Buchstaben das Lösungswort.

Die Kelten haben verschiedene soziale Stände. Den höchsten Stand bilden die Druiden. Dazu gehören Männer und Frauen. Sie bestimmen das Leben der Kelten.

1) Druiden und Druidinnen müssen	sie die Jugend. (A)
2) Als Richter lösen sie	Opferrituale und vermitteln zwischen den Menschen und den Göttern. (R)
3) Als Priester leiten sie die	oft mehr als 20 Jahre lernen. (S)
4) Als Lehrer unterrichten	zusammen und sorgen für Ordnung. (H)
5) Als Astronomen beobachten sie die	und Zauberer. (E)
6) Als Politiker halten sie die Stämme	Gestirne und deren Auswirkungen auf Mensch und Tier. (C)
7) Sie sind auch Mathematiker, Magier	Streitfälle und fällen Urteile. (P)

Lösungswort: _ _ _ _ _ _ _
1 2 3 4 5 6 7

2. Erkundige dich.
Eichen und Misteln waren für die Druiden heilige Pflanzen. Suche Informationen zu diesen Pflanzen und Gründe, weshalb sie damals so verehrt wurden. Präsentiere deine Erkenntnisse deinen Klassenkameraden.

	Name:	Datum:

Die keltischen Frauen

1. Lies und unterstreiche die Aufgaben der Mädchen und Frauen.

Die meisten keltischen Frauen sind kräftig, blond und blauäugig. Ihre Hauptaufgaben sind die Führung des Haushaltes und die Kindererziehung. Die Mädchen lernen Nähen, Weben, Kinderpflege und Kindererziehung bei der Mutter. Die Jungen beginnen mit sieben Jahren eine handwerkliche Ausbildung. Ab diesem Alter leben sie in einer anderen Familie.

Wie die Männer so können auch die Frauen viel lernen und Druiden werden. Sie können die täglichen Gottesdienste feiern und dürfen wahrsagen. Die Druidinnen sind mit weißen wollenen Gewändern bekleidet. Ihr Haar tragen sie offen. Meistens halten sie sich in der Nähe von Quellen und anderen Gewässern auf. Die Kelten glauben, dass Wasser die Kräfte der Frauen steigert. Der Apfelbaum ist der heilige Baum der keltischen Priesterinnen. Seine Früchte sind das weibliche Symbol für Leben und Fruchtbarkeit. Eine wichtige Aufgabe der Frauen ist, das Feuer stets am Brennen zu halten.

Wenn es nötig ist, ziehen die Frauen mit in den Kampf. Dann unterstützen sie ihre Männer, indem sie sich laut schreiend und mit erhobenen Armen auf die Feinde stürzen, wobei sie Hiebe und Tritte austeilen.

2. Was meinst du? Hatten es die keltischen Frauen besser als die Frauen heute? Begründe.

	Name:	Datum:

Sind die Kelten Kopfjäger?

1. Lies und unterstreiche, was die Kelten über den Kopf denken.

Für die Griechen und Römer sind die Kelten Barbaren mit primitiven Sitten und Künsten. Sie halten sie sogar für Kopfjäger, weil die Kelten auf ihren Feldzügen die Köpfe der Gegner einsammeln.

Je mehr Köpfe ein Krieger besitzt, desto höher ist sein Ansehen. Oft heben die Kelten die errungenen Köpfe über Generationen auf, schmücken damit ihre Häuser und legen sie in die Tempel. Sie glauben nämlich, dass der Kopf eines Feindes den Sieger vor Krankheit und Unheil schützen würde.

Der Kopf ist für sie der wichtigste Körperteil. Er macht ihrer Meinung nach erst den Menschen zu einem menschlichen Lebewesen, denn ohne Kopf kann der Mensch ja nicht leben. Er gilt als Sitz des Übersinnlichen, als Quelle der Lebenskraft. In ihren Kunstwerken haben sie oft Köpfe dargestellt. Sie haben sie gemalt und in den verschiedensten Materialien dargestellt.

2. Beantworte die Fragen zum Text.

1) Wofür halten Griechen und Römer die Kelten?

____

2) Womit schmücken keltische Krieger ihre Häuser?

____

3) Warum tun sie das?

____

4) Warum ist für sie der Kopf so wichtig?

____

____

3. Erkundige dich.
Suche im Internet nach Bildern, die von den Kelten hergestellte Köpfe zeigen. Gestalte damit ein Plakat. Fasse darauf in deinen eigenen Worten zusammen, weshalb der Kopf für die Kelten so wichtig war. Welchen Körperteil findest du am wichtigsten? Begründe.

Name: ______________________ Datum: ______________

Erfindungen und Städtebau

1. Lies und unterstreiche die besonderen Leistungen und Erfindungen der Kelten.

Die Kelten sind große Erfinder und geschickte Arbeiter. Sie besitzen Bergwerke, wo sie Salz und Eisenerz gewinnen. Sie können nicht nur farbiges Glas herstellen, sondern sie erfinden auch das Fass, ebenso wie das Wagenrad mit Eisenreifen und die dicken Mühlsteine zum Mahlen des Getreides.

Nicht nur die Griechen und die Römer bauen große Städte, sondern auch die Kelten gründen viele große Städte mit Markt und Stadtmauern. Dazu gehören zum Beispiel Paris, Turin, Budapest und Ankara, in denen viele Tausend Menschen leben.

In ihren Städten gibt es verschiedene Wohn- und Handelsviertel mit Werkstätten der verschiedenen Handwerksgruppen und kleine Fabriken, in denen Männer und Frauen Waffen und Gegenstände für den täglichen Gebrauch wie Kleidung und Schuhe herstellen. Die Kelten betreiben einen ausgedehnten Handel und prägen als Erste in Mitteleuropa Goldmünzen.

2. Schreibe auf.

1) Nenne mindestens drei Erfindungen der Kelten.

____

2) Nenne mindestens drei Städte, die die Kelten gegründet haben.

____

3) Nenne zwei Merkmale der keltischen Städte.

____

4) Nenne mindestens zwei Gegenstände, die in Werkstätten und Fabriken hergestellt werden.

____

5) Was stellen die Kelten als Erste in Europa her?

____

3. Erkundige dich.
Gibt es in deiner Region ein Museum oder eine Ausstellung über die Kelten? Vielleicht könnt ihr mit der Klasse einen Ausflug dorthin machen.

Name: ______________________ Datum: ______________

Der Glaube und die Götter der Kelten

1. Lies den Text und unterstreiche die Wörter, die dir besonders wichtig sind.

Die Kelten glauben an die Unsterblichkeit der Seele und an die Unzerstörbarkeit der Welt. Daher sind sie besonders furchtlose Kämpfer, die von den Griechen und Römern sehr gefürchtet werden.

Da sie an das Leben nach dem Tod glauben, geben sie ihren Toten herrliche Grabbeigaben mit ins Grab. Das zeigt zum Beispiel ein Fürstinnengrab von 400 v. Chr. aus Reinheim im Saarland, wo die Kelten durchgehend mindestens 10 000 Jahre lang wohnen.

Für die Kelten ist die Welt voller Götter und Geister. Die obersten Götter bilden eine Dreiheit. Diese drei Götter werden oft als ein Kopf mit drei Gesichtern dargestellt. Überhaupt ist für die Kelten die Zahl Drei der Ausdruck der Vollkommenheit.

2. Schreibe die unterstrichenen Wörter auf deinen Notizblock und erzähle deinen Klassenkameraden nur mithilfe deiner Notizen, was du im Text erfahren hast.

3. Schreibe jeweils den Buchstaben auf, der im Alphabet davor steht. Dann erfährst du, wie die drei obersten Götter der Kelten hießen.

U D V U B U D T

___ ___ ___ ___ ___ ___ ___ ___

D T V T

___ ___ ___ ___

U B S B O J T

___ ___ ___ ___ ___ ___ ___

4. Erkundige dich.
Jedem Gott wurden bestimmte Eigenschaften und Aufgaben zugeschrieben. Was waren sie bei diesen drei Göttern? Informiere dich in Büchern oder im Internet und präsentiere deine Erkenntnisse deinen Klassenkameraden. Vielleicht findest du noch mehr interessante Informationen über die keltischen Götter und die religiösen Feiern, die es damals gab. Berichte deinen Klassenkameraden auch davon.

	Name:	Datum:

Der wichtigste Kultgegenstand der Kelten

1. Lies und beantworte dann die Fragen zum Text.

Die Kelten stellen ein Gefäß her, das aussieht wie ein großer Kochtopf, aber eine weit größere Bedeutung hat. Es ist der heilige Kessel, ein Gefäß mit magischer Bedeutung. Die Kelten schätzen den Kessel so sehr, weil er in Verbindung mit den beiden Elementen Feuer und Wasser zum Erhalt des Lebens beiträgt. Nicht jeder Kelte darf so ein kostbares Gefäß besitzen.

Die Kessel aus Ton werden im Laufe der Zeit durch Kessel aus Metall ersetzt. Sie werden kunstvoll gestaltet und mit Verzierungen und Abbildungen von Göttern, Göttinnen oder Tieren geschmückt.

Die Kessel sind Opfergefäß und Grabbeigabe. Besonders schöne Kessel werden als Weihegabe an die Götter überall in Europa in den verschiedensten Gewässern versenkt.

Ein besonders imposanter Kessel ist der Bronzekessel des Fürsten von Hochdorf, der im Württembergischen Museum in Stuttgart zu sehen ist. Dieser Kessel fasst ca. 500 Liter.

1) Warum ist den Kelten der Kessel heilig?
2) Aus welchem Material werden Kessel hergestellt?
3) Wie werden die Kessel verschönert?
4) Wozu werden sie verwendet?
5) Welcher Kessel fasst 500 Liter?

2. Was ist dein wichtigster Gegenstand? Warum hat er eine so große Bedeutung für dich? Male ihn und verziere ihn so, wie es die Kelten mit ihrem heiligen Kessel taten.

Name: ______________________ Datum: ______________

Keltische Muster

1. Lies den Text.

Die Kelten sind fantastische Handwerker. Sie stellen herrlichen Schmuck aus Gold und Silber her. Ihre typischen Muster scheinen endlos zu sein. Sie haben weder Anfang noch Ende. Auch viele Werkzeuge und Schwerter haben diese für die Kelten typischen Muster.

Sie lieben das Schöne wie z. B. hübschen Schmuck, elegante Frisuren und die kunstvolle Bemalung der Körper. Über Hosen und Tuniken tragen sie Umhänge aus Wolle mit kunstvollen Broschen oder großen Sicherheitsnadeln. Sie tragen verzierte Armreifen. Ihre Halsketten sind aus Gold, Silber, Eisen und Bronze.

2. Bastle einen Armreif oder ein Lesezeichen mit keltischen Mustern.

Du brauchst: eine der Vorlagen, ein Stück Fotokarton, einen Klebestift, Buntstifte, wasserfesten Lack, eine Schere

So geht's:

1) Wähle dir eine der Vorlagen aus.
2) Klebe sie auf ein Stück Fotokarton.
3) Male sie an.
4) Lackiere sie und lasse sie trocknen.
5) Schneide sie aus.

Eine Anziehpuppe aus der Zeit der Kelten

Bastle dir eine Anziehpuppe.

1) Klebe die Figuren von Seite 21 auf Tonpapier oder Fotokarton.
2) Schneide diese dann vorsichtig aus.
3) Male die Kleidungsstücke und Gegenstände an und schneide sie ebenfalls aus
4) Nun kannst du die Figuren bekleiden. Dazu knickst du die Papierlaschen um.

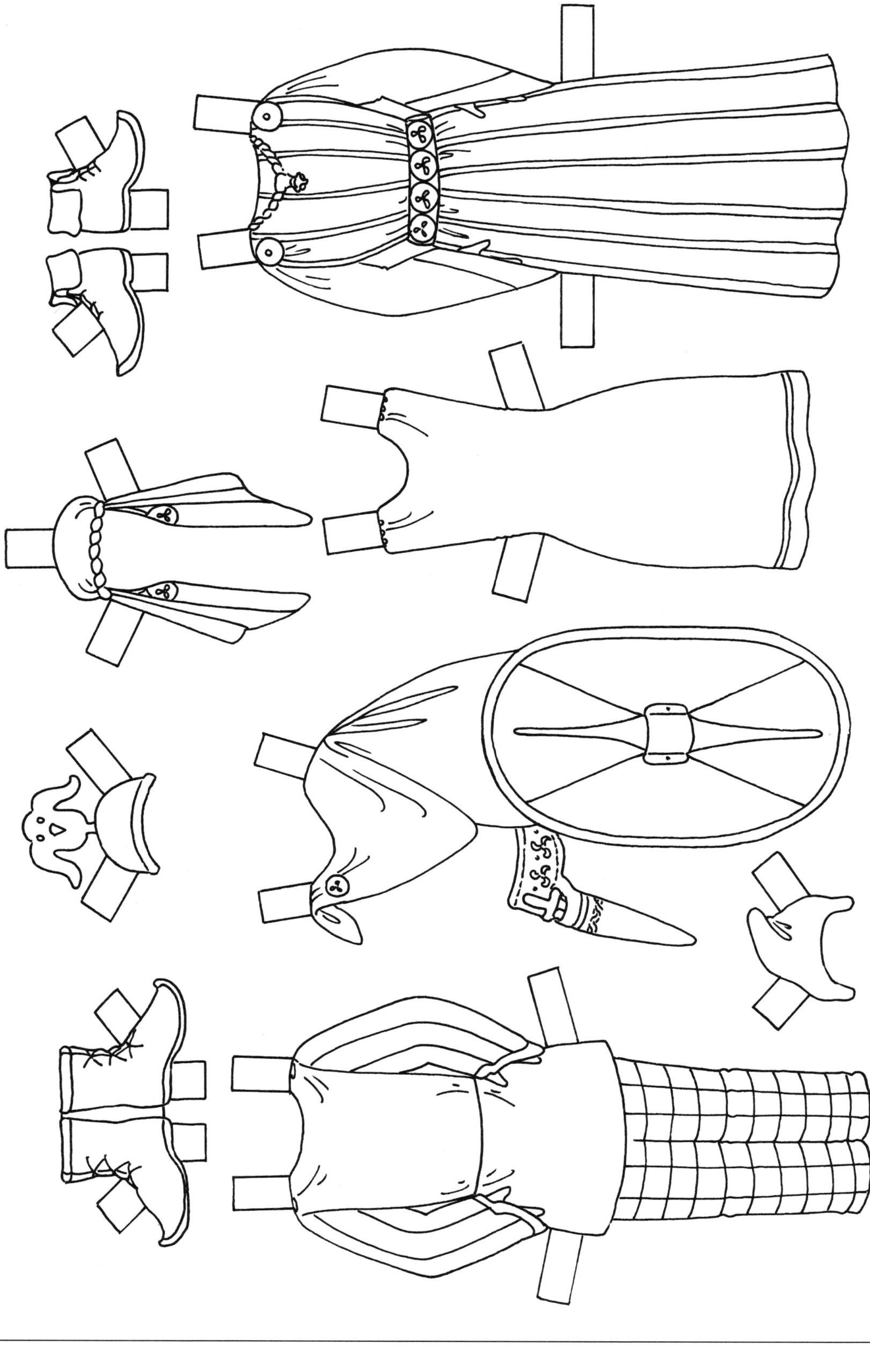

Name: ____________________ Datum: ____________________

Der Untergang der Kelten

1. Lies den Text und erkläre dann in deinen eigenen Worten, weshalb es die Kelten heute nicht mehr gibt.

Mit dem wirtschaftlichen Aufschwung entstehen zunehmend Spannungen und Konflikte zwischen und innerhalb der Stämme. Mit der Zeit gehen die gemeinsamen Ziele und der gemeinsame Glaube verloren. Das alles schwächt die Stämme. Die Überlebenschancen gegenüber den Römern und anderen Feinden werden dadurch immer geringer.

Im letzten Jahrhundert v. Chr. werden die Kelten im Norden von den Kimbern und Teutonen bedrängt und im Süden von den Römern. Bald verlieren sich ihre Spuren. Viele Kelten werden in den Schlachten von den Feinden getötet, viele haben sich mit den Römern vermischt. Als Volk verschwinden die Kelten um die Zeitenwende aus der Geschichte.

2. Richtig oder falsch? Kreuze an.

	richtig	falsch
1) Spannungen und Streitereien schwächen die keltischen Stämme.		
2) Es gibt keine Spannungen und Konflikte bei den Kelten.		
3) Sie vernichten ihre Feinde.		
4) Sie können die Angriffe ihrer Feinde nicht mehr erfolgreich abwehren.		
5) Viele Kelten werden bei diesen Kämpfen getötet.		
6) Viele Kelten mischen sich mit den Ägyptern.		
7) Um die Zeitenwende gehen die Spuren der Kelten in Europa verloren.		
8) Viele Kelten mischen sich mit den Römern.		

Name: Datum:

Die Menschen der Vorzeit

1. Lies und unterstreiche die Stellen, die uns etwas über Aussehen und Körperbau der Vormenschen verraten.

Vor ungefähr 5 Millionen Jahren (5 000 000) gibt es die ersten menschenähnlichen Geschöpfe auf der Erde: die Vormenschen. Zu dieser Zeit sind die Dinosaurier schon seit vielen Millionen Jahren ausgestorben. Das heißt, dass nie ein Mensch einem lebenden Dinosaurier begegnet ist.

Diese Vormenschen ähneln in Aussehen und Lebensweise den Menschenaffen. Möglicherweise leben sie in Afrika zunächst wie die Affen auf Bäumen, dann aber müssen sie sich wegen klimatischer Veränderungen an das Leben in der Savanne anpassen. Mit den Affen verwandt sind sie nicht. Einige Menschenarten sind so groß wie Schimpansen, andere so groß wie der Mensch heute. Ein Fell schützt ihren Körper. Knochenfunde in Afrika zeigen, dass sie schon aufrecht gehen können.

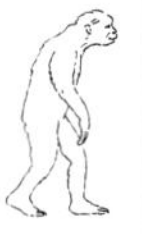

Fußabdrücke, die man in Vulkanasche gefunden hat, beweisen, dass der Mensch vor 4 Millionen Jahren (4 000 000) schon längere Strecken aufrecht geht. Er verwendet Steine und Stöcke als Werkzeuge und ernährt sich von Früchten, Körnern und Nüssen. Mit Stöcken sucht er in der Erde nach Maden und Insekten, nach Knollen und Wurzeln. Er isst Fleisch, das Raubtiere zurücklassen, denn er kann noch nicht auf die Jagd gehen. Der Mensch der Vorzeit hat noch keine Sprache, denn sein Gehirn ist noch zu klein dafür.

2. Beantworte diese Fragen. Der Text hilft dir dabei.

1) Wann gibt es die ersten menschenähnlichen Wesen? *vor ca. 5 Millionen Jahren*

2) Haben die ersten Menschen Dinosaurier getroffen? *nein*

3) Wem ähneln die Vormenschen? *teils den Affen, teils den Menschen von heute*

4) Sind die ersten Menschen verwandt mit dem Affen? *nein*

5) Was verrät der Fußabdruck in der Vulkanasche von vor 4 Millionen Jahren? *dass der Mensch damals schon aufrecht geht*

6) Wovon ernähren sich die Vormenschen? *von Früchten, Körnern, Nüssen, Maden, Insekten, Knollen, Wurzeln und Fleisch*

7) Welche Hilfsmittel verwenden sie bei der Nahrungssuche? *Steine und Stöcke*

8) Haben die Vormenschen schon eine richtige Sprache? Begründe. *Nein, ihr Gehirn ist dafür noch zu klein.*

Name: Datum:

Der Vormensch – verwandt mit dem Gorilla?

1. Lies und unterstreiche die Aussagen über den Vormenschen.

Der Vormensch ähnelt im Aussehen dem Menschenaffen. Er hat sogar dieselbe Anzahl an Knochen und Muskeln wie ein Gorilla. Aber er stammt nicht von ihm ab. Das zeigen ganz deutlich die Unterschiede zwischen ihnen.

Er hat eine niedrige fliehende Stirn, eine flache Nase und einen vorspringenden Kiefer. Seine Zähne sind viel kleiner als die Zähne des Gorillas, dafür ist sein Gehirn größer als das des Gorillas. Das bedeutet, dass der Mensch schon damals mehr Verstand hatte als ein Menschenaffe.

Der Mensch trägt den Kopf auf der Wirbelsäule, der Gorilla trägt den Kopf schräg an der Wirbelsäule. Das Becken des Menschen ist niedrig und breit. Es ermöglicht so den aufrechten Gang. Das Becken des Gorillas ist dafür zu schmal.

Die Beine des Menschen sind lang, die Arme sind kürzer als die Beine. Der Daumen ist lang und stark. Der Mensch kann damit kräftig zupacken und schwierige Tätigkeiten ausüben, und er kann auch ganz winzige Dinge fassen, zum Beispiel eine Beere.

Die Beine des Gorillas sind kurz, seine Arme dagegen sehr lang, der Daumen ist kurz und kraftlos. Die Hände sind für das Hangeln in Bäumen nützlich, aber nicht für schwierige Aufgaben und zum Anfassen von winzigen Dingen geeignet.

Die Zehen des Menschen sind parallel. Der große Zeh des Gorillas ist als Greifzeh abgewinkelt.

2. Trage hier die Merkmale vom Vormenschen und vom Gorilla ein.

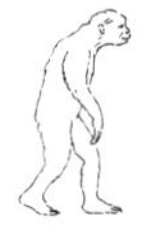

Der Vormensch	Der Gorilla
niedrige, fliehende Stirn, flache Nase,	*größere Zähne, kleineres Gehirn, Kopf*
vorspringender Kiefer, kleine Zähne,	*schräg an der Wirbelsäule, schmales*
größeres Gehirn, Kopf auf der Wirbel-	*Becken, kurze Beine, sehr lange Arme,*
säule, niedriges und breites Becken →	*kurze und kraftlose Daumen, große*
aufrechter Gang, lange Beine, Arme	*Zehen als abgewinkelte Greifzehen*
kürzer als Beine, lange und starke	
Daumen, parallele Zehen	

Name: Datum:

Die Menschen der Altsteinzeit

1. Lies und markiere die Beschreibung des Menschen vor 2,5 Millionen Jahren mit einem Leuchtmarker. Beantworte dann mündlich die Fragen.

Der Mensch vor 2,5 Millionen Jahren (2 500 000) ist dem heutigen Menschen schon recht ähnlich. Er ist ungefähr 1,20 bis 1,50 m groß und stark behaart, groß und schlank. Er lebt vom Sammeln und Jagen. Seine Arbeitsgeräte sind einfache Steine und Stöcke.

Irgendwann stellt er einen Faustkeil aus Stein her. Von da an bleibt dieser für eine Million Jahre das wichtigste Werkzeug des Menschen. Damit kann er harte Pflanzenteile zerkleinern, Tiere töten und seine Beute verarbeiten. Da der Mensch also schon sehr geschickt ist, nennt der Wissenschaftler ihn **homo habilis**. Das ist Lateinisch und bedeutet übersetzt der geschickte Mensch (homo = Mensch, habilis = geschickt).

Vor 1 Million Jahren (1 000 000) lebt der **homo erectus**, der aufrechte Mensch (homo = Mensch, erectus = aufrecht). Er wird auch Frühmensch genannt. Er kann bereits mit dem Feuer umgehen. Bei Heidelberg befindet sich die älteste Feuerstelle. Sie stammt von 400 000 v. Chr.

Vor ungefähr 200 000 Jahren entwickelt sich der wissende Mensch, der **homo sapiens** (homo = Mensch, sapiens = wissend). Er benutzt verschiedene Werkzeuge und ist ein geschickter Künstler. Er kann sprechen. Vor ungefähr 100 000 Jahren entwickelt sich der **homo sapiens sapiens**, der schon viel wissende Mensch. Er wird auch Jetztmensch genannt und ist unser Vorfahre.

1) Wie sieht der Mensch vor 2,5 Millionen Jahren aus? *siehe 1. Abschnitt.*

2) Welches ist das wichtigste Werkzeug in der Altsteinzeit? *der Faustkeil*

3) Was kann er damit machen? *harte Pflanzenteile zerkleinern, Tiere töten, Beute verarbeiten*

4) Wo befindet sich die älteste Feuerstelle? *bei Heidelberg*

5) Wann entwickelt sich der Jetztmensch, unser Vorfahre? *vor ungefähr 100 000 Jahren*

2. Setze das Bild richtig zusammen. Dann siehst du, wie der Mensch sich verändert hat.

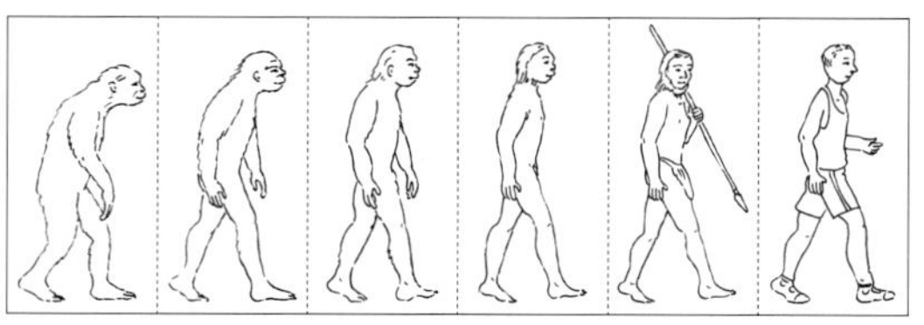

Name: Datum:

Die Menschen der Mittel- und Jungsteinzeit

1. Lies und streiche die drei falschen Sätze durch.

Die Mittelsteinzeit dauert von 9 500 bis 5 500 vor unserer Zeitrechnung. Sie beginnt, als es in Mitteleuropa nach der letzten Eiszeit um 10 000 v. Chr. allmählich wieder wärmer wird. ~~Endlich können sie die Sommerferien wieder am Meer verbringen.~~ Die Menschen leben in Gruppen von 20 bis 50 Personen. Ihre Nahrung bekommen sie durch Sammeln und Jagen. Ihre Werkzeuge werden immer besser und vielseitiger. Jetzt fangen sie Fische mithilfe von Einbäumen, Netzen, Haken und Speeren.

Die sogenannte Jungsteinzeit dauert von 5 500 bis 2 200 vor unserer Zeitrechnung. Immer noch werden Waffen und Werkzeuge aus Stein hergestellt und verwendet. Aber es ändert sich vieles, sogar die Lebensweise der Menschen. ~~Sie gehen nicht mehr auf allen Vieren, sondern endlich aufrecht.~~ Die Menschen werden allmählich sesshaft.

Sie bauen jetzt feste Häuser aus Holz oder Stein, gründen Siedlungen, treiben Ackerbau und halten Tiere als Haustiere. Sie legen sich Vorräte für den Winter an. Und sie werden geschickte Handwerker und Künstler. ~~Schon bauen sie die ersten Rennwagen.~~ Sie malen und stellen Gefäße her, in denen sie Essbares für schlechte Zeiten aufheben können.

2. Ja oder nein? Kreuze an.

	ja	nein
1) Beginnt die Mittelsteinzeit vor der letzten Eiszeit?		×
2) Leben in der Mittelsteinzeit die Menschen nur vom Fischen?		×
3) Werden die Menschen vor der Eiszeit sesshaft?		×
4) Gründen die Menschen in der Jungsteinzeit Siedlungen?	×	
5) Sind die Menschen der Jungsteinzeit geschickte Handwerker?	×	
6) Bauen die Menschen der Jungsteinzeit Rennwagen?		×
7) Stellen die Menschen der Jungsteinzeit Gefäße her?	×	

Name: Datum:

Das Klima in der Steinzeit

1. Lies den Text.

Sehr warme und sehr kalte Zeitabschnitte wechseln in den Millionen von Jahren immer wieder miteinander ab. Diese Wechsel stellen große Anforderungen an den Menschen.

Es gibt immer wieder lange sehr warme Zeitabschnitte wie zum Beispiel vor 120 000 Jahren. Damals leben hier in Europa Elefanten, Nashörner, Flusspferde und Löwen. Das Wasser in Meer und Seen steht sehr hoch.

In den kalten Zeiten herrscht eisige Kälte. Mehrere tausend Jahre kann eine Eiszeit dauern. Der Meeresspiegel ist dann so niedrig, dass man zu Fuß von Frankreich nach England und von Spanien nach Afrika gehen kann.

Heftige Schneestürme fegen über Europa hinweg. Meterhohes Eis bedeckt die Wiesen und Wälder. Es ist zeitweise bis zu 1 000 m dick. Es gibt Funde, die zeigen, dass Menschen in diesen kalten Zeiten in Europa leben.

2. Kannst du das lesen? Wenn ja, dann weißt du, welche drei Dinge in den bitterkalten Zeiten besonders wichtig für den Steinzeitmenschen waren.

REUEF – *FEUER*

GNUDIELK EMRAW – *WARME KLEIDUNG*

NESSE SETFAHRHAN – *NAHRHAFTES ESSEN*

3. Sieh dir auf einer Karte an, wo Frankreich und England liegen. Stell dir vor, das Meer dazwischen gäbe es nicht. Wie würde sich das Leben der Menschen, die dort leben, dadurch verändern?

4. Gehe am Nachmittag eine Strecke von 1 000 m. Nun stell dir vor, dass eine so hohe Eisschicht in den Eiszeiten der Steinzeit Europa bedeckte. Was war für die Menschen, die damals lebten, dadurch anders als für dich heute?

Name: Datum:

Wer sind die Neandertaler?

Lies und schreibe zu jedem Abschnitt die passende Frage.

Der Neandertaler (homo neanderthalensis) ist ein ausgestorbener Verwandter des heutigen Menschen. Er lebt in der Alt- und Mittelsteinzeit. Er kann und weiß schon viel mehr als der Mensch vor ihm. Er hinterlässt zahlreiche interessante Spuren, die uns viel über ihn erzählen.

~~Wie sehen die Neandertaler aus?~~	~~Wie ist das Klima zur Zeit der Neandertaler?~~
~~Wann leben die Neandertaler?~~	~~Woher haben die Neandertaler ihren Namen?~~

Wann leben die Neandertaler?	1) Von ungefähr 150 000 bis 30 000 Jahren vor unserer Zeitrechnung leben an verschiedenen Stellen in Europa, Afrika und Asien sehr intelligente Menschen, die Neandertaler. Sie sind sehr geschickte Jäger und haben ein gutes Sozialverhalten.
Woher haben die Neandertaler ihren Namen?	2) Die Wissenschaftler benennen sie nach dem Tal bei Düsseldorf, in dem man 1856 bei Steinbrucharbeiten zum ersten Mal Knochen und einen Schädel dieser Menschen gefunden hat. Es sind die Neandertaler.
Wie sehen die Neandertaler aus?	3) Sie ähneln schon sehr dem heutigen Menschen. Sie sind ungefähr 1,60 m groß und sehr kräftig. Sie haben ein starkes Gebiss. Die Stirn ist flach und über den Augen haben sie starke Knochenwülste. Das Gehirn ist sogar größer als unser Gehirn.
Wie ist das Klima zur Zeit der Neandertaler?	4) Die Neandertaler müssen mit sehr warmen Zeiten, aber auch mit Eiszeiten fertig werden. In warmen Zeiten leben sie in Zelten, in kalten Zeiten in Höhlen. Sie schlafen auf Lagern von Moos und Laub. Ein Feuer wärmt sie ein wenig und hält wilde Tiere ab. Besonders gern lagern die Neandertaler in der Nähe von Gewässern.

Name: Datum:

So leben die Neandertaler

1. Unterstreiche *rot*, was die Neandertaler herstellen, und blau, was sie essen.

Die Neandertaler können sich auch schon mithilfe von Sprache verständigen. Geschickt stellen sie aus Fellen, Sehnen, Hörnern und Knochen *nützliche Gegenstände und Kleidung* her. Es gelingt ihnen sogar, *praktische Steinwerkzeuge, Holzlanzen und Speere mit Stein- und Knochenspitzen* anzufertigen. Sogar so feine Werkzeuge wie Nähnadeln stellen sie her.

Sie ernähren sich von gesammelten Pflanzen und Früchten. Außerdem ziehen sie hinter den großen Tierherden her, um Bisons, Rentiere, Bären, Mammuts und Wildrinder zu erlegen. Dabei jagen sie auch kleine Tiere wie Hasen und Füchse.

Die Neandertaler pflegen Kranke und begraben ihre Toten mit Blumen, Werkzeugen und Schmuck. Das bezeugen verschiedene Funde.

Trotz der Geschicklichkeit und seines großen Wissens ist der Neandertaler nicht unser direkter Vorfahre. Vor ungefähr 30 000 Jahren ist er verschwunden. Entweder ist er ausgestorben oder er hat sich mit den nachkommenden Menschen vermischt.

2. Kreuze die richtigen Behauptungen an. Die Buchstaben hinter den richtigen Behauptungen ergeben ein Lösungswort.

- ☐ Der Neandertaler kann und weiß nichts. (F)
- ☒ Der Neandertaler kann und weiß viel. (S)
- ☐ Er kann nur Faustkeile aus Stein herstellen. (L)
- ☒ Er kann Werkzeuge und Waffen herstellen. (P)
- ☒ Er stellt feine Nähnadeln her. (E)
- ☐ Er kann noch keine Nähnadeln herstellen. (Ö)
- ☐ Er lebt nur von Früchten und Pflanzen. (Ü)
- ☒ Er lebt nicht nur von Früchten und Pflanzen. (E)
- ☒ Er zieht hinter den großen Tierherden her. (R)
- ☐ Er lebt immer an demselben Ort. (T)
- ☐ Er bestattet die Toten nicht. (D)
- ☒ Er bestattet die Toten mit Grabbeigaben. (E)

Lösungswort: *S P E E R E*

3. Erkundige dich.
In der Nähe von Düsseldorf gibt es das Neanderthal Museum direkt am Anfang des Neandertals. Suche Infos dazu im Internet. → *Lösung Rechercheaufgaben 1*

Name: Datum:

Die Cro-Magnon-Menschen

1. Lies den Text und beantworte anschließend die Fragen.

Schon seit ungefähr 200 000 Jahren gibt es Spuren der Cro-Magnon-Menschen (sprich: Kro-Manjo) fast überall auf der Welt: in Europa, Afrika, Asien, Amerika und Australien. Da die ersten Skelette in der Cro-Magnon-Höhle in Frankreich gefunden wurden, nennt man die Menschen nach dieser Höhle.

Der Cro-Magnon-Mensch sieht dem heutigen Europäer sehr ähnlich. Er gehört wie wir zu den homo sapiens sapiens, den „Jetztmenschen". Er ist unser Vorfahre. Er wird bis zu 1,80 m groß. Der Schädel des Cro-Magnon-Menschen ist runder, das Gesicht breiter und die Nase ist kleiner als bei den Menschen heute. Der Gesichtsschädel ist flacher als unserer und die Stirn ist gerade und hoch. Das Gehirn ist so groß wie das des heutigen Europäers.

Er hat nicht mehr die wulstigen Augenbrauenknochen wie der Neandertaler. Seine Kiefer und Zähne sind kleiner als die des Neandertalers, aber immer noch viel kräftiger und größer als unsere heute. Das ist auch nötig, denn die Nahrung damals ist natürlich viel grober als unsere Nahrung.

1) Seit wann gibt es Spuren von Cro-Magnon-Menschen? *seit 200 000 Jahren*

2) Warum heißt er so? *Er wurde nach der Fundstelle einiger Skelette benannt.*

3) Wo finden wir Spuren von ihm? *Wir finden fast überall auf der Welt Spuren.*

4) Wessen Vorfahre ist der Cro-Magnon-Mensch? *Er ist unser Vorfahre.*

2. Trage in den Steckbrief die Merkmale des Cro-Magnon-Menschen ein.

Größe:	*bis 180 cm*
Schädel:	*rund*
Gehirn:	*so groß wie unser Gehirn heute*
Gesicht:	*breit*
Gesichtsschädel:	*flacher als unserer, gerade und hohe Stirn*
Augenbrauenknochen:	*nicht mehr so wulstig*
Nase:	*kleiner als unsere heute*
Kiefer und Zähne:	*kleiner als die des Neandertalers, größer als unsere*

Name: ______ Datum: ______

Die Fortschritte der Cro-Magnon-Menschen

1. Lies und verbinde die passenden Satzteile. In der richtigen Reihenfolge ergeben die Buchstaben das Lösungswort.

Die Cro-Magnon-Menschen, die Jetztmenschen, sind sehr erfinderisch und geschickt. Hier siehst du einige ihrer bemerkenswerten Fortschritte.

1) Immer bessere Werkzeuge und	Ziegen, Schafe und Kühe. (H)
2) Sie gründen Siedlungen und bauen	sich immer mehr. (E)
3) Sie zähmen den Hund und züchten	Häuser aus Holz und Stein. (Ö)
4) Sie bauen Pflanzen an und leiten	Meere und besiedeln so Australien. (I)
5) Gräben werden ausgegraben	das Wasser auf die Felder. (L)
6) Sie stellen tönerne Gefäße und	Nahrungsvorräte anzulegen. (R)
7) Höhlenbilder und geschnitzte	und Harpunen erleichtern das Jagen. (L)
8) Auf Schiffen befahren sie die	Figuren zeigen ihre künstlerischen Begabungen. (B)
9) Pfeil und Bogen, Speerschleudern	andere praktische Dinge her. (N)
10 Die Toten werden bestattet und	Waffen werden angefertigt. (H)
11) Sprache und Kunst entwickeln	und Dämme errichtet. (E)
12) Sie beginnen,	bekommen Grabbeigaben. (D)

Lösungswort: H Ö H L E N B I L D E R (1 2 3 4 5 6 7 8 9 10 11 12)

2. Erkundige dich.
Suche im Internet oder in Büchern nach weiteren Informationen über die Cro-Magnon-Menschen. Präsentiere deinen Klassenkameraden, was du herausgefunden hast. *Lösung Rechercheaufgaben 1*

Name: ______ Datum: ______

Ötzi, der Mann aus dem Eis

1. Lies und streiche die vier Dinge durch, die es damals noch gar nicht gibt.

Im September 1991 wird im Ötztal auf 3210 m Höhe eine männliche Leiche im Gletschereis entdeckt. Wegen dieser Fundstelle wird sie Ötzi genannt. Ötzi ist heute im Archäologischen Museum von Bozen zu sehen.

Seine Bekleidung, seine Ausrüstung und auch der Mageninhalt zeigen, dass er vor ungefähr 5200 Jahren lebte, also in der Jungsteinzeit, die man auch die Kupfersteinzeit nennt.

Ötzis hatte ein Kupferbeil und Pfeil und Bogen bei sich. Diese Sachen ~~und sein Handy~~ zeigen, dass er eine wichtige Person war. Auch seine Kleidung war gut verarbeitet, wenn auch mehrmals geflickt. Einzelne Teile der Bekleidung waren aus Gras, andere aus ~~bunter Seide und~~ Ziegenfell, die sorgfältig mit Tiersehnen zusammengenäht waren. Untersuchungen ergeben, dass er 1,60 m groß war, 50 kg wog, dunkle Haare und blaue Augen hatte. Er ernährte sich von Fleisch, Pflanzen und Getreide ~~sowie bunten Schokoladeneiern~~.

Kleidung, Ausrüstung ~~und vor allem der goldene Reisewecker~~ und der Glutbehälter aus Birkenrinde zeigen, dass er für einen mehrtägigen Aufenthalt im Hochgebirge ausgerüstet war. Leider hat der ungefähr 46 Jahre alte Ötzi sein Ziel nicht erreicht. Er wurde von hinten mit einem Pfeil erschossen.

2. Erstelle einen Steckbrief von Ötzi.

Alter:	*46 Jahre*
Größe:	*1,60 m*
Gewicht:	*50 kg*
Haare:	*dunkel*
Augen:	*blau*
Nahrung:	*Fleisch, Pflanzen, Getreide*
Bekleidung:	*aus Gras und Ziegenfell, gut verarbeitet*
Ausrüstung:	*Glutbehälter aus Birkenrinde, Kupferbeil, Pfeil und Bogen*

3. Erkundige dich.
Bildet Gruppen und sucht im Internet nach weiteren Infos über Ötzi. Vergleicht Ötzis Ausrüstung mit der Ausrüstung heutiger Bergwanderer.
→ *Lösung Rechercheaufgaben 1*

Name: ______ Datum: ______

Die Kleidung der Steinzeitmenschen

1. Lies und gib jedem Abschnitt eine passende Überschrift.

~~Mühsame Näharbeit~~ ~~Wunderwerkzeug Nähnadel~~ ~~Kleidung aus Häuten und Fellen~~

Kleidung aus Häuten und Fellen

Die Steinzeitmenschen tragen eine schützende Kleidung gegen Kälte, Wind und Regen. Sie können noch keine Stoffe weben. Deshalb sind Mützen, Jacken, Hosen, Kleider und Stiefel aus Tierhäuten und Fellen. Bevor die Tierhäute zusammengenäht werden können, werden sie mit Schabern von Fleischresten befreit und gut getrocknet.

Wunderwerkzeug Nähnadel

Dann können die einzelnen Teile mit Tiersehnen, Tierhaaren oder Pflanzenfasern zusammengenäht werden. Dabei helfen ihnen schon vor 23000 Jahren dünne feine Nähnadeln, die aus Knochen geschnitzt und mit Schleifsteinen poliert sind. Mithilfe der Nähnadeln können auch Zelte, Taschen, Säcke und Schuhe aus Leder und Fellen hergestellt werden.

Mühsame Näharbeit

Nähen ist damals eine sehr mühsame Arbeit. Mit spitzen Gegenständen muss vor jedem Nadelstich ein Loch gebohrt werden. Oft schmücken die Menschen ihre Kleider mit Perlen aus Elfenbein. Mit Gras polstern sie Schuhe und Kleider aus, damit sie wärmer sind.

2. Kreuze die richtigen Behauptungen an.

- ☒ Die Kleidung der Menschen besteht aus Fellen und Tierhäuten.
- ☒ Vor jedem Nadelstich muss ein Loch gebohrt werden.
- ☐ Die Schuhe werden mit Gras ausgestopft, damit es lustig kitzelt.
- ☐ Die Löcher vor den Nadelstichen werden nur zum Spaß gestochen.
- ☐ Die Menschen polstern die Schuhe mit Fleischresten aus.
- ☒ Die Nähnadeln werden aus Knochen geschnitzt.
- ☒ Die Schuhe werden mit Gras ausgestopft, damit sie wärmer sind.
- ☒ Mit den Nähnadeln werden auch Säcke und Zelte zusammengenäht.

3. Erkundige dich.
Forsche im Internet nach, in welchen Museen du Kleidung und Zelte der Steinzeitmenschen sehen kannst. → *Lösung Rechercheaufgaben 1*

Name: ______ Datum: ______

Kindheit in der Steinzeit

1. Lies und streiche die vier falschen Stellen durch.

Die Kindheit der Steinzeitmenschen ist sehr kurz. Viel Zeit zum Spielen bleibt den Kindern nicht. Vielleicht basteln sich manche Kinder selbst ein Spielzeug, aber eher ahmen sie im Spiel die Erwachsenen nach. Wahrscheinlich klettern, hüpfen, springen und laufen sie viel und trainieren so gleichzeitig Geschicklichkeit, Ausdauer und Kraft. ~~Am liebsten sind sie mit Skateboards und Rollschuhen unterwegs.~~

Schon früh müssen die Steinzeitkinder helfen, Beeren, Pilze, Nüsse und andere Früchte zu sammeln. Sie müssen essbare Pflanzen und Kräuter erkennen lernen. Sicherlich können sie schon in jungem Alter mit Stöcken in der Erde nach Wurzeln und Knollen suchen. Sie müssen lernen, Vogeleier ~~und bunte Ostereier~~ zu finden sowie essbare Maden und Insekten zu sammeln. Sicher müssen sie auch lernen, Tierhäute zu reinigen, zu trocknen und zusammenzunähen.

Sie müssen so bald wie möglich lernen, Tierspuren zu erkennen und sich vor wilden Tieren zu schützen. ~~Gerne besuchen sie mit ihren Hunden moderne Hundeschulen.~~ Außerdem müssen sie lernen, Waffen und Werkzeuge herzustellen. Auch der geschickte Umgang mit Waffen und Werkzeugen, mit Feuerstein, Feuer ~~und Feuerzeug~~ will gelernt und trainiert werden.

Das alles ist lebenswichtig – für den einzelnen und für die Gruppe. Obwohl die Steinzeitkinder keine Schule besuchen, haben sie doch ein großes Lernpensum zu bewältigen. Ob ihr Lernstoff leichter oder schwieriger zu lernen ist als der von den Kindern heute?

2. Welchen Lernstoff würdest du lieber lernen, wenn du dich entscheiden könntest: den von heute oder den der Steinzeit? Begründe.

3. Suche dir einen Partner. Stellt euch vor, ein Kind aus der Steinzeit und ein Kind von heute würden sich treffen und könnten sich auf Deutsch miteinander unterhalten. Erfindet ein Gespräch, in dem die beiden ihren Tagesablauf oder ihre liebste Freizeitbeschäftigung miteinander vergleichen. Schreibt dieses Gespräch auf und präsentiert es euren Klassenkameraden.

Name: Datum:

So wohnen die Steinzeitmenschen

1. Lies und unterstreiche die Stellen, die die einzelnen Behausungsarten erwähnen oder beschreiben.

Die Menschen der Altsteinzeit bleiben nie längere Zeit an einem Ort. Sie sind Nomaden und ziehen immer hinter den Tierherden her. Dabei benutzen sie Höhlen zum Übernachten. Sie sind Schutzraum vor wilden Tieren, aber auch Vorratskammer und Grabstätten.

Als sie Tierhäute und Felle zusammennähen können, bauen sie Zelte und zeltartige Hütten. Dazu wird ein Gerüst aus Holz aufgestellt und mit Tierhäuten überzogen. Im Inneren der Zelte gibt es eine Feuerstelle. Wenn es nichts mehr zu jagen oder zu sammeln gibt, bauen sie die Hütten ab und nehmen auf ihren Wanderungen alles mit, was sie tragen können.

Die frühesten Hütten finden wir in Thüringen. Sie sind aus der Zeit vor ungefähr 300 000 Jahren. Auch die Neandertaler (vor 150 000–30 000 Jahren) leben in Höhlen und in Zelten. Vor ungefähr 20 000 Jahren verwenden sie in Österreich und in Osteuropa Knochen und Stoßzähne als Baumaterial für ihre Hütten. Erst im Laufe der Jungsteinzeit entstehen feste Häuser aus Holz, Lehm und Stein.

2. Hier sind zwei Anleitungen für Zelte, die du selbst bauen kannst. Das erste hat vielleicht sogar Platz in eurem Schulgarten? Das zweite ist für drinnen gedacht. Vielleicht als Lesezelt in eurem Klassenzimmer?

1) Eine schattiges Sommerzelt, das mehrere Jahre hält

- Stecke lange Weidenstecken kreisförmig in die Erde.
- Binde die Spitzen dieser Weidenzweige oben zusammen, sodass es aussieht wie ein Tipi der Indianer.
- Lasse an einer Stelle Platz für den Eingang.

2) Ein Zelt aus Tüchern

- Stelle drei Stangen (Besenstiele, lange, gerade Äste, ...) so auf, dass sie eine Pyramide bilden. Binde sie oben zusammen.
- Lehne drei weitere Stangen gegen die ersten drei.
- Binde die sechs Stangen mit einer Kordel zusammen.
- Lege Betttücher, Decken oder Handtücher darauf.
- Befestige diese mit Wäscheklammern aneinander.
- Lasse an einer Stelle eine Öffnung für den Eingang.

Name: Datum:

Leben mit der Natur

Lies und beantworte dann zusammen mit deinem Partner die unten stehenden Fragen. Diskutiert mit euren Klassenkameraden über eure Ergebnisse.

Die Menschen der Steinzeit sind der Natur sehr ausgeliefert. Sie leben mit der Natur und müssen sich ihr anpassen. Wir, die heutigen Menschen, leben oft gegen die Natur, da uns technische Hilfsmittel das ermöglichen. So können wir zum Beispiel nachts ebenso viel arbeiten oder uns vergnügen wie am Tag. Licht und Heizung ermöglichen das.

Gegen die Natur zu leben wäre für die Menschen damals nicht möglich gewesen. Trotz des harten Lebens haben sie nicht aufgegeben, sondern sie sind große Erfinder und Künstler geworden. Jahrtausende wurden gebraucht, um alle diese vielen Erfahrungen und Entdeckungen zu machen, die das heutige Leben so gut erträglich und angenehm machen.

Ohne die Leistungen und Erfindungen der damaligen Menschen würde es uns heute nicht so gut gehen. Merkwürdig, dass heute viele Menschen dennoch nicht glücklich zu sein scheinen, obwohl es ihnen doch so viel besser geht als den Menschen damals.

1) Was heißt es, der Natur ausgeliefert zu sein? → *Lösung Rechercheaufgaben 1*
2) Was bedeutet „gegen die Natur leben"? Nennt Beispiele. → *Lösung Rechercheaufgaben 1*
3) Was haben wir, was die Menschen damals nicht hatten? Nennt Beispiele.
4) Meint ihr, die Dinge, die wir heute haben, machen uns glücklicher, als es die Steinzeitmenschen waren? Beobachtet.
5) Könntet ihr für eine Woche ohne Handy und andere moderne Hilfsmittel in der freien Natur überleben? Überlegt euch, was euch gut daran gefallen würde und was ihr ganz schrecklich fändet.

Name: Datum:

Die ersten Künstler

1. Lies. Dann unterstreiche im Text die Antworten auf die Fragen unten.

Geschnitzte Figuren und prächtige Malereien von vor mehr als 17 000 und 20 000 Jahren sind in tiefen feuchtkühlen Höhlen gefunden worden. Es handelt sich dabei oft um wunderschöne naturgetreue Bilder von Tieren und Menschen. Wir finden Bären, Löwen, Nashörner, Pferde, Stiere und Hirsche mit herrlich verzweigten Geweihen, die meistens in warmen Erdfarben gemalt sind.

Das zeigt uns, dass schon die Menschen der Steinzeit Sinn für Schönheit hatten. Geschickt passen sie die Formen ihrer Zeichnungen den Ritzen und Ausbuchtungen der Felswände an. Auch die Farbauswahl ist kein Zufall, sondern wird bewusst getroffen.

Warum diese Steinzeitbilder ausgerechnet in den dunkelsten hinteren Räumen von Höhlen gemalt worden sind, weiß niemand genau. Vielleicht wollen die Steinzeitmenschen ihre Götter und Göttinnen erfreuen oder mit diesen Bildern um Erfolg bei der Jagd bitten. Möglicherweise dürfen nur die Schamanen die Bilder sehen. Wir wissen es nicht.

1) Wann sind die ältesten Höhlenmalereien entstanden?
2) Was stellen sie dar?
3) An was passen sie die Formen ihrer Bilder an?
4) Ist die Farbauswahl zufällig oder bewusst getroffen?
5) Wo finden wir diese Steinzeitbilder?
6) Kennen wir die Gründe für den Ort der Bilder?

2. Löse die beiden Rätsel. Dann erfährst du die Namen von zwei besonders berühmten Höhlen mit besonders herrlichen Wandmalereien.

Man findet sie in Spanien in

A	L	T	A	M	I	R	A

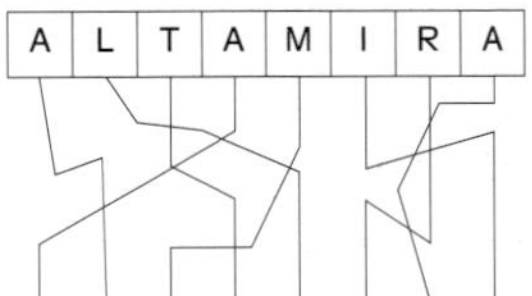

A	A	M	T	L	R	A	I

und in Frankreich in

L	A	S	C	A	U	X

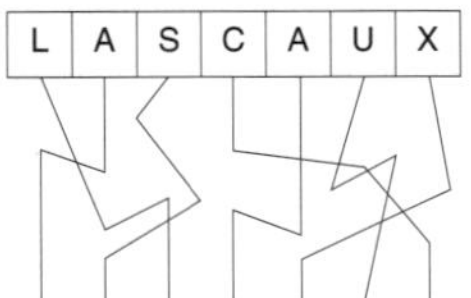

A	S	L	A	X	U	C

3. Erkundige dich.
Suche im Internet nach Bildern aus diesen Höhlen.
→ *Lösung Rechercheaufgaben 1*

Name: Datum:

Höhlenmalereien

1. Lies. Markiere die Bestandteile der Farben und unterstreiche, wie sie malen.

Die Steinzeitmenschen mischen ihre Farben aus Erde und verschiedenen Mineralien zusammen. Dazu nehmen sie Ocker, Holzkohle, Gesteine und Erze. Als Bindemittel verwenden sie Harze, Pflanzensäfte oder Wasser. Die Umrisse der Tiere werden in die Felswände geritzt oder mit Holzkohle gezeichnet.

Die Farbe tragen sie mit den Händen oder mit Moosbüscheln auf. Sie können sogar mit Pinseln malen. Dazu binden sie Tierhaare an schmale Horn- oder Holzstücke. Es ist auch möglich, dass sie die Farbe in den Mund nehmen und direkt auf die Felswand prusten oder sie durch Knochen- oder Holzröhrchen blasen.

2. Stelle selbst Pflanzenfarben her.

Du brauchst:	für Grün:	Kleeblätter, Salbeitee oder Spinat
	für Gelb:	Kamillentee, Möhrensaft, braune Zwiebelschalen
	für Rot:	roten Johannisbeerensaft oder Kirschsaft
	für Blau:	Heidelbeeren oder Holunderbeeren
	für Lila:	Brombeeren, schwarze Johannisbeeren oder Rotkohl
	für Braun:	Kaffee, schwarzen Tee oder Walnussblätter

So geht's:

1) Koche die Pflanzen, Beeren und Tees lange mit wenig Wasser.
2) Gieße die Säfte nach dem Abkühlen durch ein ganz feines Sieb in Gläser oder Plastikbecher.

3. Stelle selbst Holzkohle her.

Du brauchst: kleine Holzstücke, Alufolie, einen Erwachsenen mit einem Grill

So geht's:

1) Wickle die Holzstücke in Alufolie und lasse sie beim Grillen von einem Erwachsenen in die Holzkohleglut legen.
2) Nach einiger Zeit ist die Holzkohle fertig und du kannst damit zeichnen.

4. Gestalte mit deinen Naturfarben ein eigenes Höhlenbild. Male auf ein großes Stück Packpapier alles, was heute in deinem Leben besonders wichtig ist und was du gerne den Menschen zeigen möchtest, die in 20 000 Jahren leben und dann dein Stück Packpapier finden.

Name: Datum:

Die Religion der Steinzeitmenschen

1. Lies und unterstreiche, womit die Menschen Götter und Geister besänftigen.

Schon die Steinzeitmenschen haben – so wie heute die letzten Naturvölker – ihre Medizinmänner und Geisterbeschwörer. Diese helfen den Menschen im Kampf gegen die bösen Geister. Dass es diese gibt, daran glauben die Menschen ganz fest. Ihrer Meinung nach sind sie verantwortlich für Krankheiten und Unglücke.

Um die Götter und Geister zu besänftigen, werden Opfer gebracht, möglicherweise sogar Menschenopfer. Es werden bestimmte Rituale vollzogen, um die Götter günstig zu stimmen. Dazu können das Musizieren und das Malen von Bildern sowie das Schnitzen von Götterfiguren dienen.

2. Schreibe jeweils den im Alphabet davorstehenden Buchstaben. Dann weißt du, welche Menschen den direkten Kontakt mit Göttern und Geistern aufnehmen, in die Zukunft schauen und versuchen, kranke Menschen zu heilen.

T D I B N B O F O

Das waren die *S C H A M A N E N*

N F E J _ J O N _ O O F S

oder *M E D I Z I N M Ä N N E R*.

3. Erkundige dich.
Bildet Gruppen und sucht im Internet nach Informationen über Kultstätten und Gräber der Steinzeit, von denen man heute noch Überreste besichtigen kann. Beispiele wären Stonehenge in Südengland und die Hünengräber in Norddeutschland. Gestaltet dazu Plakate und präsentiert eure Ergebnisse vor der Klasse. → *Lösung Rechercheaufgaben 1*

Name: Datum:

Woher hat die Steinzeit ihren Namen?

1. Lies und beantworte dann die Fragen.

Im Nationalmuseum von Kopenhagen arbeitet um 1810 der dänische Wissenschaftler Christian J. Thomsen (1788–1865). Dort erfindet er 1819 ein praktisches Ordnungssystem. Er benennt die einzelnen Zeitabschnitte nach den damals benutzten Werkzeugen.

So nennt er den Zeitraum, in dem die Menschen vor allem Stein verwenden, die „Steinzeit". Die Zeit, in der viele Dinge aus Bronze sind, nennt er „Bronzezeit", und die Zeit, in der Eisen verwendet wird, nennt er „Eisenzeit".

Die Ausgrabungsfunde überall auf der Welt verraten uns viel über die Menschen damals. Schädel und Skelette, Werkzeuge, Feuerstellen, Steinsplitter und versteinerte Knochen werden untersucht und auf ihr Alter hin geprüft. Zu den besonders ergiebigen Funden zählt z. B. Ötzi, der „Mann aus dem Eis". Hierdurch erfahren wir besonders viel über die Lebensweise in der damaligen Zeit.

1) Wer hat die Idee, die einzelnen Zeitabschnitte nach ihren Werkzeugen zu benennen?

Die Idee hat der dänische Wissenschaftler Christian J. Thomsen.

2) Wann wird dieses Ordnungssystem eingeführt?

Es wird 1819 eingeführt.

3) Woher erfahren wir so viel über die Steinzeitmenschen, die doch niemals etwas aufgeschrieben haben?

Das erfahren wir durch Ausgrabungsfunde überall auf der Welt.

4) Nenne einige der Fundstücke aus der Steinzeit.

Schädel, Skelette, Werkzeuge, Feuerstellen, Steinsplitter und Knochen

2. Erkundige dich.
Suche im Internet nach Ausstellungen und Museen in deiner Region, die sich mit der Geschichte der frühen Menschen beschäftigen.
→ *Lösung Rechercheaufgaben 1*

Name: Datum:

Werkzeuge und Erfindungen der Steinzeit

1. Lies und unterstreiche, was die Steinzeitmenschen erfinden und herstellen.

Die Steinzeitmenschen stellen besonders gern Faustkeile aus Feuerstein (Flint, Silex) her, denn Feuerstein ist sehr hart und gleichzeitig leicht zu spalten. Damit können sie besonders gut Werkzeuge, Waffen und andere praktische Dinge herstellen. Mit dem Faustkeil aus Feuerstein können die Menschen andere Steine, Holz, Knochen und Geweihe bearbeiten und gestalten. Sie können sie damit glätten, durchbohren und in die gewünschte Form bringen.

Im Laufe der Jahrtausende werden die Steinzeitmenschen immer geschickter und erfindungsreicher. Ihre Werkzeuge, Waffen und die anderen hergestellten Dinge werden immer handlicher und feiner. Mit der Zeit schaffen sie es, Äxte, Kratzer, Schaber, Bohrer, Messer und Speerspitzen herzustellen. Die Speerspitzen werden mit klebrigem Birkenpech an Holzspeere, Harpunen und Holzpfeile geklebt oder mit Tiersehnen daran festgebunden. Aus Knochensplittern schnitzen sie sogar dünne feine Nähnadeln.

Steinbohrer, Beile und Hämmer werden erfunden und können beim Herstellen von Zelten, Häusern, Werkzeugen, Waffen und Musikinstrumenten aus Holz, Geweihen, Knochen und Stoßzähnen erfolgreich eingesetzt werden. Eine weitere fantastische Erfindung in der Steinzeit ist die Speerschleuder. Der Speer wird in eine Schleuder eingehakt und kann sehr schnell bis zu 180 Meter weit fliegen. So können Tiere aus größerer Entfernung gejagt werden.

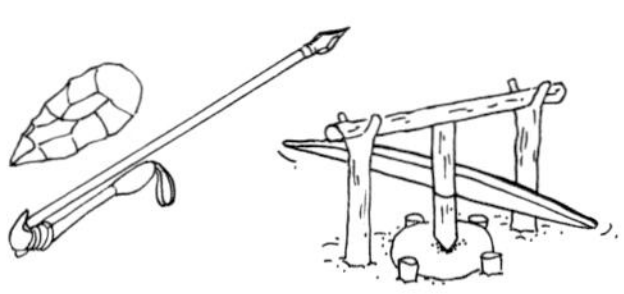

2. Antworte in Stichworten.

1) Welcher Stein eignet sich besonders gut als Faustkeil? Warum?

der Feuerstein, da er besonders hart ist, aber gut gespalten werden kann

2) Welche Dinge werden zum Beispiel mit dem Faustkeil hergestellt?

Werkzeuge, Waffen, und andere praktische Dinge

3) Womit werden die Pfeilspitzen an Pfeile, Speere und Harpunen befestigt?

mit klebrigem Birkenpech und Tiersehnen

4) Kannst du mindestens drei weitere hilfreiche Erfindungen nennen?

Nähnadeln, Steinbohrer, Beile, Hämmer und Speerschleudern

Name: Datum:

Redensarten mit und rund um den Stein

1. Lies und verbinde die Redensart mit der richtigen Bedeutung. Die Buchstaben ergeben in der richtigen Reihenfolge das Lösungswort.

Wie groß die Bedeutung der Steine im Laufe der Geschichte des Menschen ist, sieht man an den vielen Wörtern mit „Stein" und an den zahlreichen Redensarten, in denen der Stein vorkommt. Hier sind einige Beispiele.

1) der Stein des Anstoßes	von jemandem sehr gemocht werden (T)
2) Es bleibt kein Stein auf dem anderen.	Schwierigkeiten machen (L)
3) der Stein der Weisen	eine Angelegenheit in Gang bringen (E)
4) ein Stein vom Herzen fallen	sehr heftig weinen (S)
5) Steine in den Weg legen	etwas nachdrücklich versichern (I)
6) ein Herz aus Stein haben	tief und fest schlafen (N)
7) zum Steinerweichen weinen	Alles wird völlig zerstört. (A)
8) bei jemandem einen Stein im Brett haben	kein Mitgefühl haben, hartherzig sein (T)
9) den Stein ins Rollen bringen	erleichtert sein (A)
10) Stein und Bein schwören	die Lösung aller Rätsel oder Probleme (S)
11) wie ein Stein schlafen	die Ursache eines Ärgernisses (B)

Lösungswort: *B A S A L T S T E I N* (1 2 3 4 5 6 7 8 9 10 11)

2. Erkundige dich.
Sieh in einem Buch über Redensarten und Sprichwörter nach, ob du noch mehr Redensarten mit Stein finden kannst. → *Lösung Rechercheaufgaben 1*

Name: Datum:

Der Mensch nutzt das Feuer

1. Lies und beantworte dann die Fragen zum Text.

Der Mensch ist das einzige Lebewesen, das Feuer für sich nutzen kann. Wahrscheinlich entdeckt er schon vor 2 Millionen Jahren, wie nützlich das Feuer ist. Eines Tages gelingt es ihm, seine große Angst vor Feuer zu überwinden. Die Neugierde ist größer als die Angst und er nimmt ein wenig von dem Feuer, auf das er zufällig trifft. Das kann bei einem Vulkanausbruch oder einem Blitzeinschlag sein.

Mit der Zeit entdeckt er, dass er durch Nachlegen von Holz oder trockenen Blättern das Feuer eine Weile am Brennen halten kann. Die Entdeckung, das Feuer für sich nutzen zu können, ist sensationell. Sie verändert sein Leben.

Es bringt ihm Licht, Wärme und Schutz vor wilden Tieren. Jetzt kann er sich auch in kälteren Regionen aufhalten. Und irgendwann entdeckt er zufällig, dass gebratenes Fleisch besser schmeckt und leichter zu verdauen ist.

1) Welchen mutigen Versuch unternimmt der Mensch vor 2 Millionen Jahren?

Er wagt es, ein wenig Feuer zu nehmen.

2) Wieso verändert diese Entdeckung sein Leben?

Es bringt ihm Licht, Wärme und Schutz vor wilden Tieren. Er brät damit Fleisch.

3) Wie schafft er es, das Feuer eine Weile am Brennen halten?

Das schafft er, indem er Blätter und Holz nachlegt.

4) Kann er mit dieser Entdeckung nun auch schon selbst Feuer herstellen? Was meinst du?

Nein, denn er weiß noch nicht, wie das geht.

5) Hat der Mensch immer schon gekochtes und gebratenes Fleisch gegessen?

Nein, das kann er erst, nachdem er gelernt hat, wie man das Feuer nutzt.

2. Erkundige dich.
Bildet Gruppen und sucht Antworten auf folgende Fragen: Wie wird ein Feuerchen in der Natur gemacht? Was wird dazu benötigt? Worauf muss geachtet werden? Was kann über dem Feuer alles gegrillt werden?
→ Lösung Rechercheaufgaben 1

Name: Datum:

Der Mensch beherrscht das Feuer

1. Lies und kreise den Abschnitt ein, der das Feuermachen erklärt.

Obwohl der Steinzeitmensch das Feuer bereits nutzen kann, ist er weitere Jahrtausende lang darauf angewiesen, das Feuer aus der Natur zu nehmen, wenn es irgendwo ausgebrochen ist. Erst ungefähr eine Million Jahre später gelingt es ihm, selbst Feuer herzustellen.

Es mag sein, dass eines Tages beim Bearbeiten von Steinen ein Funken ins Gras fliegt und es entzündet. Von nun an versucht er, mithilfe von Steinen und Hölzern Feuer zu entzünden.

Schließlich lernt er, dass er mit Reibhölzern oder Feuersteinen, dem Schwefelkies Pyrit und trockenen Zunderpilzen ein Feuer entfachen kann. Auch durch das Drehen eines „Feuerbohrers" (Holzstab in einem Holzloch) kann er Gras oder Zunder (trockener Baumpilz) in Brand setzen.

2. Entfache selbst ein Feuer nach Steinzeitart. Mache das aber nur, wenn ein Erwachsener dabei ist, und passe gut auf. Hier sind zwei verschiedene Möglichkeiten.

Du brauchst: einen Holzstab, eine Weichholzplatte, Holzmehl oder trockenes Moos

So geht's:

1) Nimm einen Holzstab zwischen die Hände.
2) Stelle das eine Ende auf eine Weichholzplatte.
3) Reibe die Handflächen rasch gegeneinander. Dann dreht sich der Stab wie ein Quirl oder Bohrer. Mit der Zeit beginnt das Weichholz, an der Stelle, wo der Stab auftrifft, zu glimmen. Denn durch die Reibung entsteht Hitze.
4) Lege nun Holzmehl oder trockenes Moos auf die Stelle und schon brennt es.

oder:

Du brauchst: zwei Feuersteine, Papier

So geht's:

1) Schlage die beiden Feuersteine so lange gegeneinander, bis Funken sprühen.
2) Fliegen die Funken auf brennbares Material (das Papier), beginnt es zu brennen. Pass auf, dass in der Nähe kein anderes Material ist, das Feuer fangen kann.

In beiden Fällen eine mühselige Arbeit, nicht wahr?

Name: Datum:

Wie verwendet der Steinzeitmensch das Feuer?

1. Lies und gib jedem Abschnitt die passende Überschrift.

~~Feuerstellen verraten uns viel~~ ~~Feuer bringt Licht und Wärme~~
~~Lagerfeuer fördern die Gemeinsamkeit~~

Feuer bringen Licht und Wärme

Die Beherrschung des Feuers verändert das Leben der Menschen. Nun haben sie Licht und Wärme, die ihnen das Leben erleichtern. Sie können sich länger an einem Ort aufhalten, auch wenn es dort kalt ist. Das Feuer bringt Wärme in Höhlen und Hütten. Es hält gefährliche Tiere fern.

Lagerfeuer fördern die Gemeinschaft

Das Feuer fördert das gemeinschaftliche Leben zwischen den Menschen und möglicherweise dadurch auch die Entwicklung der Sprache. Denn nun können sich die Menschen bei Dunkelheit um das Lagerfeuer setzen und ihre Nahrung gemeinsam zubereiten und essen. Das gebratene Fleisch liefert dem Körper mehr Energie und fördert damit auch die körperliche und geistige Entwicklung der Menschen.

Feuerstellen verraten uns viel

Feuerstellen verraten den Wissenschaftlern viel über Ess- und Lebensgewohnheiten der Menschen. Die älteste Feuerstelle, die man gefunden hat, stammt von vor ungefähr 400 000 Jahren aus der Nähe von Heidelberg.

2. Richtig oder falsch? Kreuze an.

	richtig	falsch
1) Das Feuer erschwert das Leben, weil es gefährlich ist.		×
2) Feuerstellen verraten uns Ess- und Lebensgewohnheiten der Menschen.	×	
3) Das Feuer erleichtert den Menschen das Leben.	×	
4) Das Feuer ermöglicht den Aufenthalt in kalten Gegenden.	×	
5) Gebratenes Fleisch macht krank und dumm.		×
6) Das Feuer fördert das gemeinschaftliche Leben.	×	
7) Das Feuer zerstört die Lebensgemeinschaften.		×
8) Feuerstellen verraten uns viel über die Kleidung der Menschen.		×

Name: Datum:

Die Nahrung der Steinzeitmenschen

1. Lies und schreibe die passende Frage dazu.

~~Werden Nahrungsmittel aufgehoben?~~
~~Wie ist die Nahrung der Steinzeitmenschen?~~
~~Was verzehren sie?~~

Wie ist die Nahrung der Steinzeitmenschen?

Die Nahrung der Steinzeitmenschen ist sehr abwechslungsreich und richtet sich nach den Angeboten der Jahreszeiten und Gegenden. Dass der Mensch ein Allesesser ist, erleichtert ihm das Überleben.

Was verzehren sie?

Sie verzehren das Fleisch von erlegten Tieren und essen dazu die Pflanzen, die auf den Wanderungen gesammelt werden. Das sind zum Beispiel Blätter, Wurzeln, Samen, Früchte, Nüsse, Pilze und Kastanien. Maden und Insekten sind nahrhafte und leckere Abwechslungen. Honig von wilden Bienen ist das einzig Süße, das es gibt. Harz von bestimmten Bäumen dient als Kaugummi.

Werden Nahrungsmittel aufgehoben?

Wenn ein Gebiet leer gesammelt ist oder die Tiere weiterziehen, dann zieht auch die Sippe weiter. Manchmal werden Nahrungsmittel durch Trocknen haltbar gemacht oder in Vorratsgruben oder Höhlen aufgehoben. Aber meistens wird auf Vorrat gegessen, um für schlechte Zeiten gerüstet zu sein.

2. Hier findest du einige Nahrungsmittel der Steinzeitmenschen. Ordne sie richtig ein.

~~Nüsse~~ ~~Fische~~ ~~Beeren~~ ~~Vögel~~ ~~Kastanien~~ ~~Rentiere~~ ~~Sonnenblumenkerne~~
~~Löwenzahn~~ ~~Pferde~~ ~~Bisons~~ ~~Eier~~ ~~Salbei~~ ~~Mammuts~~ ~~Pilze~~
~~Brennnesseln~~ ~~Wollnashörner~~ ~~Trauben~~ ~~Wurzeln~~ ~~Hirsche~~

Pflanzliche Nahrungsmittel	Tierische Nahrungsmittel
Nüsse, Beeren, Kastanien, Sonnen-	*Fische, Vögel, Rentiere, Pferde,*
blumenkerne, Löwenzahn, Salbei,	*Bisons, Eier, Mammuts, Wollnashörner,*
Pilze, Brennnesseln, Trauben, Wurzeln	*Hirsche*

Name: Datum:

Auf der Jagd

1. Lies den Text.

Bis zur letzten Eiszeit, die vor ungefähr 10 000 Jahren endet, ziehen in Europa viele Tierherden umher. Die Menschen damals wandern hinter den Tierherden her und warten auf die Gelegenheit, ein totes Tier zu finden, das sie essen können.

In den folgenden Jahrtausenden gehen die Menschen auf die Jagd. Dazu sammeln sich die Männer in Gruppen und scheuchen die großen Tiere mit brennenden Zweigen und Ästen in Fallgruben oder in seichte Sümpfe, wo sie dann einige wenige Tiere mit Steinbrocken, Stoßlanzen oder Holzspeeren töten. Dabei sterben viele Tiere umsonst.

In der Jungsteinzeit gibt es daher kaum noch große Tierherden. Nun muss Jagd auf Einzeltiere gemacht werden. Dazu verwenden die Jäger Speerschleudern, später Pfeil und Bogen.

2. Im Text stehen drei Arten, wie die Steinzeitmenschen an Tierfleisch kamen. Beschreibe sie in deinen eigenen Worten.

3. Hier sind acht Tiere versteckt, die von den Steinzeitmenschen gejagt wurden. Schreibe sie in die passenden Kästchen.

BISONSMOSCHUSOCHSENPFERDEWOLLNASHÖRNERMAMMUTSRINDERRIESENHIRSCHEBÄREN

W O L L N A S H Ö R N E R

M O S C H U S O C H S E N

R I E S E N H I R S C H E

B Ä R E N

P F E R D E

M A M M U T S

B I S O N S

R I N D E R

4. Erkundige dich.
Wähle eines der Tiere aus und informiere dich in Büchern oder im Internet über sein Aussehen, seine Lebensweise, ... Gestalte ein Plakat und präsentiere es deinen Klassenkameraden. → *Lösung Rechercheaufgaben 1*

Name: Datum:

Wie bereiten die Steinzeitmenschen ihr Essen zu?

1. Lies und schreibe zu jedem Abschnitt die passende Überschrift.

~~Endlich nicht nur rohes Fleisch~~ ~~Der Kochtopf der Steinzeit~~ ~~Jagdbeute hilft überleben~~

Jagdbeute hilft überleben

Wenn bei der Jagd ein Tier erlegt wird, ist das ein großartiges Erlebnis für alle. Das Überleben in den nächsten Wochen ist gesichert, denn es gibt für alle genug Fleisch zu essen. Auch gibt es wieder Knochen, Stoßzähne und Geweihe, die zu Waffen, Werkzeugen und anderen praktischen Dingen verarbeitet werden, und genügend Fell und Häute für Kleidung, Zelte und Gefäße.

Endlich nicht nur rohes Fleisch

Das Fleisch und die Innereien werden gegessen. In den ersten Jahrtausenden kann Fleisch nur roh verzehrt werden. Die Beherrschung des Feuers und andere wichtige Erfindungen ermöglichen es irgendwann, das Fleisch am Spieß über offenem Feuer oder auf heißen Steinen zu braten.

Der Kochtopf der Steinzeit

Weitere Erfindungen über die Jahrhunderte hinweg ermöglichen es eines Tages, Fleisch und Pflanzen zu kochen. Dazu werden Lederbeutel oder gereinigte Tiermägen benutzt. Der Beutel wird in eine Kochgrube getan und mit einem Stock verschlossen. Dann wird er mit Wasser gefüllt. Glühende Steine werden hineingeworfen, damit das Wasser heiß wird. Darin können nun Fleisch und Pflanzen gekocht werden. Besonders eignen sich dazu Granit-, Basalt- und Quarzsteine.

2. Unterstreiche oben im Text die Antworten auf die Fragen.

1) Welche Teile eines erlegten Tieres verwenden die Steinzeitmenschen?
2) Welche Teile des Tieres werden verzehrt?
3) Wie werden diese Teile gegessen?
4) Woraus bestehen die Beutel, in denen Fleisch und Pflanzen gekocht werden?
5) Womit wird das Wasser erhitzt?
6) Welche Steine sind dazu am besten geeignet?

3. Fasse den Text mit eigenen Worten zusammen. Mithilfe der Fragen und der unterstrichenen Antworten kannst du nun sicher eine kurze Zusammenfassung mit deinen eigenen Worten geben. Schreibe sie auf ein Plakat und zeichne Bilder dazu. Präsentiere dein Plakat deinen Klassenkameraden.

Name: Datum:

Pflanzen sammeln und essen

1. Lies und markiere mit einem Leuchtmarker die Pflanzen, die ganz oder teilweise essbar sind.

Viele Blüten und Blumen, die wir im Garten, auf Wiesen oder an Wald- und Feldrändern finden, sind essbar. Dazu gehören zum Beispiel Kräuter wie Basilikum, Salbei, Thymian, Majoran, Schnittlauch und Petersilie, aber auch Gänseblümchen, Klee, Schafgarbe, Phlox, Rosen, Nelken, Lavendel und Chrysanthemen. Aber Vorsicht, oft können nicht alle Teile einer Pflanze gegessen werden!

So sind zum Beispiel bei Rosen, Nelken, Lavendel und Chrysanthemen nur die Blütenblätter essbar, aber nicht die Stempel, Staubgefäße, Stängel oder Blätter. Wichtig ist auch, darauf zu achten, woher die Pflanzen stammen. Man sollte nur Pflanzen aus dem eigenen Garten nehmen oder im Feinkost- oder Gemüseladen kaufen, denn in der freien Natur können die Pflanzen mit Pflanzenschutzmittel belastet oder von Tieren verschmutzt worden sein. Vorsichtshalber solltest du nichts ohne die Zustimmung deiner Eltern sammeln und essen.

2. Beantworte die Fragen.

1) Wo wachsen essbare Pflanzen?

im Garten, auf Wiesen oder an Wald- und Feldrändern

2) Kannst du vier oder fünf Pflanzen nennen, die essbar sind?

Basilikum, Salbei, Thymian, Majoran, Schnittlauch, ...

3) Sind von den essbaren Pflanzen immer alle Teile essbar?

Nein, nicht von allen Pflanzen sind alle Teile essbar.

4) Warum sollten wir zum Essen nur Pflanzen aus dem eigenen Garten oder aus dem Feinkost- oder Gemüseladen nehmen?

Weil sie vielleicht mit Pflanzenschutzmittel belastet oder von Tieren verschmutzt sind.

3. Erkundige dich.
Du lernst noch viel mehr über Pflanzen, wenn du in Pflanzenbestimmungsbüchern, in Kräuter- oder Kochbüchern oder natürlich im Internet nach Informationen suchst. Wähle eine essbare Pflanze aus und präsentiere sie mit ein paar möglichen Rezepten deinen Klassenkameraden.

Name: Datum:

Ackerbau und Viehzucht

1. Lies den Text und beantworte dann die Fragen.

Die Menschen der jüngeren Steinzeit, etwa ab 4 000 vor unserer Zeitrechnung, beginnen, sesshaft zu werden und Siedlungen zu gründen. Sie roden Wälder, pflanzen Obstbäume und bauen auf dem gewonnenen Land Gemüse und Getreide an.

Dieser große Entwicklungsschritt in der Geschichte der Menschheit ist nur möglich, weil der Mensch Jahrtausende lang dafür Erfahrungen gesammelt und sich die Fähigkeiten dafür angeeignet hat. Jetzt ist der Mensch in der Lage, den Zeitraum von einem Jahr zu überblicken. Das ist sehr wichtig, denn die Feldarbeit muss ja sinnvoll über das Jahr verteilt werden.

Nun kann er für den Winter größere Vorräte anlegen und Haustiere halten, um ständig Fleisch, Milch und Eier zu haben. Dazu gehören Schaf, Ziege, Rind und gegen Ende der Jungsteinzeit auch das Pferd. Ackerbau und Viehzucht machen ihn unabhängiger von den Wetterbedingungen.

Der Kampf um das Überleben ist nicht mehr ganz so hart wie in den Jahrtausenden davor. Allmählich nimmt die Bevölkerungszahl zu. Jedoch gibt es einen großen Nachteil: Die Gesellschaft teilt sich mehr und mehr in Arm und Reich.

1) Was muss der Mensch können, um Ackerbau zu betreiben?

Er muss ein Jahr überblicken können und die Feldarbeit über ein Jahr verteilen.

2) Welchen Vorteil hat es, Haustiere zu haben?

Er hat ständig Fleisch, Milch und Eier.

3) Wieso kann die Bevölkerungszahl zunehmen?

Sie kann zunehmen, weil der Kampf ums Überleben nicht mehr so groß ist.

2. Streiche die Tätigkeiten durch, die damals noch nicht möglich waren.

Getreide ernten	Nahrungsmittel haltbar machen	~~Autos reparieren~~
~~Porzellantassen herstellen~~	Getreide mahlen	Brotfladen backen
~~Fahrräder flicken~~	Gemüse pflanzen	~~Glasfenster einbauen~~
~~Zeitungen drucken~~	Ziegen melken	Gefäße aus Ton bilden

Name: Datum:

Das Ende der Steinzeit

Lies und unterstreiche die Antworten auf die Fragen, die unter dem Text stehen.

Vor ungefähr 5000 Jahren geht die Steinzeit langsam zu Ende. Die Menschen werden mehr und mehr sesshaft, bauen Siedlungen und feste Häuser. Aus den Jägern und Sammlern werden Künstler, Handwerker, Ackerbauern, Händler und sogar Metallarbeiter.

Da ist als erstes Metall Kupfer. In Tirol gibt es mehrere Stellen, in denen schon in der Jungsteinzeit Kupfererze abgebaut und verarbeitet werden. Das gebrochene und zermahlene Erz wird in einem Ofen bei 1000 Grad geschmolzen.

Diese Temperatur entsteht, wenn man Holzkohle verbrennt und dieser mithilfe von Blasebälgen Luft zuführt. Nach mehreren Schmelzvorgängen erhält man das Kupfer. Auch Ötzi, der „Mann aus dem Eis", trägt ein Kupferbeil bei sich.

Zwischen 3500 und 2300 vor Christus werden aus dem Kupfer Schmuck, Werkzeuge und Waffen hergestellt. Daher nennen wir den letzten Zeitabschnitt der „Jungsteinzeit" auch „Kupfersteinzeit". Kupfer und Stein sind zu der Zeit wichtige Werkstoffe. Die Kupfersteinzeit geht allmählich über in die Bronzezeit.

1) Was geht vor ungefähr 5000 Jahren zu Ende?
2) Was wird aus den Jägern und Sammlern?
3) Welches Metall wird abgebaut und verarbeitet?
4) Was wird daraus hergestellt?
5) Wie nennt man das Ende der Jungsteinzeit auch?
6) Wie wird der darauf folgende Zeitabschnitt genannt?

Name: Datum:

Hütten und Häuser in der Bronzezeit

1. Lies und unterstreiche die beiden Freilichtmuseen, in denen du noch heute Häuser der Bronzezeit sehen kannst.

In der Jungsteinzeit und in der Bronzezeit werden um 1 000 v. Chr. in Nordeuropa feste Hütten aus Holz, Lehm oder auch aus Stein gebaut. Das können mehrere kleine Hütten oder auch sogenannte Langhäuser aus Holz mit einem Dach aus Stroh sein, in dem mehrere Familien wohnen. Solche Häuser kannst du in Hitzacker an der Elbe in einem Freilichtmuseum besichtigen.

In manchen Gegenden werden Pfahlbauten gebaut. Pfahlbauten entstehen zwischen 3 350 und 800 v. Chr. an vielen Stellen in Europa auf dem Land und auf dem Wasser. Dicke Holzpfähle werden in die feuchte Erde oder in den Boden eines Sees gerammt. Diese stützen hölzerne Plattformen, auf denen dann die Häuser gebaut werden. Jedes Haus hat eine Feuerstelle. Solche Pfahlbauten kannst du im Freilichtmuseum in Unteruhldingen am Bodensee besichtigen.

Zwischen den sesshaften und den umherziehenden Gruppen kommt es immer wieder zu Streitigkeiten. Deshalb beginnen die Sesshaften damit, sich mit steinernen Häusern, Wällen und Schutzmauern gegen Fremdlinge zu schützen.

2. Erkundige dich.
Bildet Gruppen und verteilt die Aufgaben. Ein Teil von euch sucht im Internet nach Informationen über die beiden Freilichtmuseen. Der andere Teil sieht im Internet nach, ob es auch in eurer Nähe Reste von Siedlungen oder andere Spuren aus der Bronzezeit gibt. Präsentiert eure Ergebnisse.
→ Lösung Rechercheaufgaben 2

3. Suche im Atlas mindestens acht Ortsnamen mit den Endungen -berg, -bach, -brück, -furt, -münde, -rode. Sie weisen darauf hin, ob der Ort am Wasser, an einer Furt oder einer Brücke liegt oder ob dort Wald gerodet wurde. Findest du im Internet Informationen zu ihrer Entstehung, die du deinen Klassenkameraden präsentieren kannst?

Heidelberg, Nürnberg, Bamberg, Eberbach, Osnabrück, Frankfurt, Steinfurt,

Schweinfurt, Warnemünde, Wernigerode, …

Name: Datum:

Der Beginn des Metallzeitalters

1. Lies den Text und unterstreiche die Wörter, die dir im Text besonders wichtig sind.

Die Jungsteinzeit oder Kupfersteinzeit (von 5000 bis 2000 v. Chr.) geht allmählich in die Bronzezeit (ungefähr 2000 bis 1000 v. Chr.) über. Die Menschen werden immer geschickter darin, Metalle zu bearbeiten. Sie schmelzen und bearbeiten Kupfer, Zinn, Gold und Silber. In diesem Zeitraum der Menschheitsgeschichte beginnt das Metallzeitalter.

Um 2000 v. Chr. gelingt es den Menschen, aus einer bestimmten Mischung von Kupfer und Zinn die Bronze herzustellen. Diese Mischung kann mühelos in alle gewünschten Formen gegossen werden. Bronze ist härter und für vieles besser geeignet als Kupfer. So entstehen immer häufiger Waffen, Werkzeuge und Schmuck aus Bronze.

Für die folgenden 1000 Jahre ist neben dem Stein die Bronze der wichtigste Werkstoff. Wir nennen diesen Zeitabschnitt deshalb die Bronzezeit.

2. Schreibe die unterstrichenen Wörter auf deinen Notizblock und erzähle deinen Klassenkameraden nur mithilfe deiner Notizen, was du im Text erfahren hast.

3. Setze die Wörter richtig zusammen und schreibe sie auf. Dann siehst du, welche neuen Berufe in dieser Zeit entstehen.

Metall-	-ler	*Metallarbeiter, Bronzegießer,*
Bron-	-flechter	
Korb-	-arbeiter	*Korbflechter, Handwerker,*
Hand-	-lenmacher	
Glasper-	-leute	*Glasperlenmacher, Händler, Bergleute*
Händ-	-werker	
Berg-	-zegießer	

4. Erkundige dich.
Sieh im Internet nach, wie viele Kupferanteile und wie viele Zinnanteile gemischt werden, damit Bronze entsteht.
→ Lösung Rechercheaufgaben 2

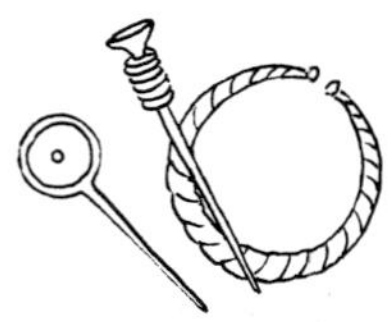

Name: Datum:

Wichtige Erfindungen in der Bronzezeit

1. Lies und markiere in jedem Abschnitt die erwähnte Entdeckung oder Erfindung mit einem Leuchtmarker.

Ab 2 000 v. Chr. machen die Menschen immer häufiger wichtige Entdeckungen und Erfindungen. Eine besonders wichtige Erfindung in jener Zeit ist der Pflug. Das ist ein dicker hakenförmig gebogener Ast, mit dem man Rillen in die Erde ziehen kann. Das erspart das Bohren vieler einzelner Löcher, um die Aussaat hineinzutun. Eine weitere Verbesserung bringt die Idee, den Pflug von einem Tier, dem Ochsen, ziehen zu lassen. So lässt sich eine noch größere Fläche schnell bearbeiten.

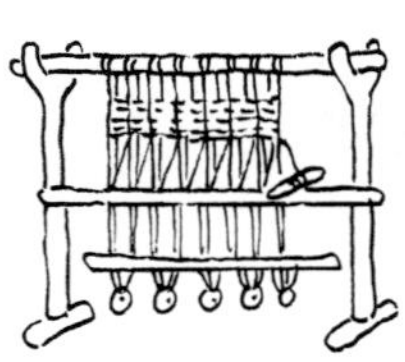

Jahrtausende lang transportiert man die Sachen auf Ästen, dann auf Rundhölzern. Schließlich hat jemand die Idee, eine runde Scheibe aus dem Rundholz als Rad zu verwenden. Das Rad ist erfunden! Von diesem Schritt ist es nicht weit bis zur Achse, die zwei Räder miteinander verbindet, sie drehbar macht und den Wagen rollen lässt.

Auch Spinnrocken und Webstuhl sind Meilensteine auf dem Weg zu einem besseren Leben. Denn sie ermöglichen das Herstellen dünnster Fäden und feinster Tücher.

2. Erkundige dich.
Wähle eine der im Text genannten Erfindungen aus und finde im Internet oder in Sachbüchern mehr darüber heraus. Fasse deine Ergebnisse in einem kurzen Text zusammen. Sammle Bilder dazu, klebe sie mit deinem Text auf ein Plakat und präsentiere es deinen Klassenkameraden. *→ Lösung Rechercheaufgaben 2*

Name: Datum:

Schriften, Siegel und Stempel

1. Lies und beantworte dann die Fragen, indem du die Antworten mit Leuchtmarker im Text hervorhebst.

Das Leben der Menschen in der Bronzezeit und in der darauf folgenden Eisenzeit verbessert sich immer mehr. Aber es gibt große Unterschiede zwischen Südeuropa und Nordeuropa. So ist die Bronzezeit zum Beispiel auf der Insel Kreta und an einigen Orten in Griechenland um 2200 und in Nordeuropa erst um 1800 v. Chr.

In Griechenland und auf Kreta finden sich Spuren von Häusern mit mehreren Etagen, Palästen mit Säulen und Vorhallen, Dächern mit Dachziegeln, Hafen- und Lagergebäuden, herrlich geschmückten Amphoren (Gefäße) und Kannen, in denen Waren gelagert werden, und Felsengräbern, die auf prachtvolle Beerdigungen schließen lassen.

Die Menschen dort können rechnen, lesen und schreiben. Über weite Strecken treiben sie Handel mit Salz, Tierfellen, Metallen, Schmuck, Bernstein, Gold, Werkzeugen, Waffen, Kleidung usw.

1) Ist die Bronzezeit überall zur gleichen Zeit?
2) Wo ist die Bronzezeit eher?
3) Wo finden sich in Südeuropa Spuren von herrlichen Bauten und Gefäßen?
4) Was können die Menschen dort?
5) Womit handeln sie?

2. Mit den Schriften entstanden auch Siegel. Diese wurden aus Steinen hergestellt. Dabei wurden oft Tierdarstellungen verwendet. Stelle dir ein eigenes Siegel her.

Du brauchst: Zeitungspapier, eine große Kartoffel, ein Schneidebrett, ein Messer mit kurzer, glatter Klinge, einen Filzstift, Wasser- oder Acrylfarben, ein Wasserglas, Papier

So geht's:

1) Decke deinen Tisch mit Zeitungspapier ab.
2) Halbiere die Kartoffel der Länge nach.
3) Zeichne mit dem Filzstift ein beliebiges Motiv (z. B. ein Tier oder auch einen Buchstaben) auf die glatte Seite der Kartoffel. Beachte dabei, dass beim Drucken alles seitenverkehrt abgebildet wird.
4) Die Teile, die außerhalb deines Motivs liegen, musst du aushöhlen, damit sie später nicht gedruckt werden.
5) Pinsle jetzt die erhabenen Stellen der Kartoffel gleichmäßig und nicht zu dünn mit Farbe ein und drücke sie auf das Papier. Fertig ist dein Siegel.

Name: Datum:

Die Kelten, ein „Volk" der Eisenzeit

1. Lies den Text.

Die Epoche der Kelten fällt in die Eisenzeit. Die Kelten sind eine Mischung verschiedener Volksstämme. Die Römer nennen diese Volksstämme Gallier. Spuren von den Kelten finden wir in ganz Europa bis hin zur Türkei.

Obwohl die keltischen Volksstämme über ganz Europa verteilt sind, haben sie eine gemeinsame Kultur, Sprache und Kunst. Sie sind klug und tüchtig, aber auch sehr kriegerisch. Sie sind ausgezeichnete Reiter.

Von der hohen Kunst der Kelten ist nicht viel überliefert worden. Sie haben kaum etwas aufgeschrieben, obwohl sie schreiben konnten. Das Schreiben war für sie nicht wichtig. Sie befürchteten, dass die Menschen sich durch das Schreiben nicht mehr genug Mühe geben würden, das Wissen im Gedächtnis zu behalten. Wissen wurde von ihnen vor allem mündlich weitergegeben. Die Redekunst stand bei ihnen in besonders hohem Ansehen. Ihre Schrift verwenden sie fast nur für Eintragungen von Gedenktagen und Begräbnissen. Grabstätten und andere Fundstellen verraten uns jedoch viel über sie.

2. Richtig oder falsch? Kreuze an.

	richtig	falsch
1) Die Kelten leben in der Kupferzeit.		×
2) Sie leben nur in England.		×
3) Die Kelten leben in der Eisenzeit.	×	
4) Sie leben in ganz Europa.	×	
5) Sie geben ihr Wissen nur schriftlich weiter.		×
6) Die keltischen Volksstämme haben nichts Gemeinsames.		×
7) Sie geben ihr Wissen nur mündlich weiter, obwohl sie schreiben können.	×	
8) Alle keltischen Volksstämme haben eine gemeinsame Kultur, Sprache und Kunst.	×	

3. Welche Vorteile hat die Schrift im Gegensatz zur mündlichen Sprache? Wozu wird Schrift verwendet? → *Lösung Rechercheaufgaben 2*

Name: Datum:

Eisenverhüttung, Ackerbau und Viehzucht

1. Lies und beantworte dann die Fragen zum Text.

Besonders große Erfolge haben die Kelten im Salzabbau und bei der Eisenverhüttung. Daher besitzen sie bessere Werkzeuge und Waffen als die Römer. Ihre Pflüge sind aus Stahl und werden von Stieren und Pferden gezogen. Die Pflüge sind so stark, dass sie die Erdscholle umgraben. Die römischen Pflüge können dagegen die Erde nur ritzen.

Die Kelten sind geschickte Handwerker und Metallarbeiter, aber auch tüchtige Bauern. Sie bauen mehrere Getreidearten wie Emmer, Einkorn, Dinkel, Hirse und Gerste an. Sie essen Gemüse, Obst und Linsen, Erbsen und Ackerbohnen. Sie trinken Milch und Bier, manchmal auch Wein. Sie halten verschiedene Haustiere. Dazu gehören Pferde, Rinder, Schweine, Schafe, Ziegen und Hühner. Sie jagen Elche, Bären, Wildschweine und Hirsche.

1) Worin haben die Kelten besonders große Erfolge?

Besonders große Erfolge haben sie im Salzabbau und bei der Eisenverhüttung.

2) Worin unterscheidet sich der Pflug der Kelten von dem der Römer?

Der Pflug der Kelten ist aus Stahl und kann die Erdschollen umgraben.

3) Welche Getreidearten bauen die Kelten an?

Sie bauen Emmer, Einkorn, Dinkel, Hirse und Gerste an.

4) Was essen und trinken die Kelten?

Sie essen Gemüse, Obst, Linsen, Erbsen und Ackerbohnen und trinken Milch, Bier und Wein.

5) Welche Haustiere halten sie?

Sie halten Pferde, Rinder, Schweine, Schafe, Ziegen und Hühner.

2. Erkundige dich.
In diesem Text sind mehrere Begriffe, bei denen du vielleicht nicht genau weißt, was sich dahinter verbirgt. Wähle dir einen der Begriffe aus und informiere dich in Büchern oder im Internet über die Bedeutung. Erkläre den Begriff deinen Klassenkameraden. → *Lösung Rechercheaufgaben 2*

Name: Datum:

Die Druiden

1. Lies und verbinde die passenden Satzteile. In der richtigen Reihenfolge ergeben die Buchstaben das Lösungswort.

Die Kelten haben verschiedene soziale Stände. Den höchsten Stand bilden die Druiden. Dazu gehören Männer und Frauen. Sie bestimmen das Leben der Kelten.

1) Druiden und Druidinnen müssen	und Zauberer. (E)
2) Als Richter lösen sie	Gestirne und deren Auswirkungen auf Mensch und Tier. (C)
3) Als Priester leiten sie die	Streitfälle und fällen Urteile. (P)
4) Als Lehrer unterrichten	oft mehr als 20 Jahre lernen. (S)
5) Als Astronomen beobachten sie die	sie die Jugend. (A)
6) Als Politiker halten sie die Stämme	Opferrituale und vermitteln zwischen den Menschen und den Göttern. (R)
7) Sie sind auch Mathematiker, Magier	zusammen und sorgen für Ordnung. (H)

Lösungswort:: S P R A C H E (1 2 3 4 5 6 7)

2. Erkundige dich.
Eichen und Misteln waren für die Druiden heilige Pflanzen. Suche Informationen zu diesen Pflanzen und Gründe, weshalb sie damals so verehrt wurden. Präsentiere deine Erkenntnisse deinen Klassenkameraden.
→ *Lösung Rechercheaufgaben 2*

Name: Datum:

Die keltischen Frauen

1. Lies und unterstreiche die Aufgaben der Mädchen und Frauen.

Die meisten keltischen Frauen sind kräftig, blond und blauäugig. Ihre Hauptaufgaben sind die Führung des Haushaltes und die Kindererziehung. Die Mädchen lernen Nähen, Weben, Kinderpflege und Kindererziehung bei der Mutter. Die Jungen beginnen mit sieben Jahren eine handwerkliche Ausbildung. Ab diesem Alter leben sie in einer anderen Familie.

Wie die Männer so können auch die Frauen viel lernen und Druiden werden. Sie können die täglichen Gottesdienste feiern und dürfen wahrsagen. Die Druidinnen sind mit weißen wollenen Gewändern bekleidet. Ihr Haar tragen sie offen. Meistens halten sie sich in der Nähe von Quellen und anderen Gewässern auf. Die Kelten glauben, dass Wasser die Kräfte der Frauen steigert. Der Apfelbaum ist der heilige Baum der keltischen Priesterinnen. Seine Früchte sind das weibliche Symbol für Leben und Fruchtbarkeit. Eine wichtige Aufgabe der Frauen ist, das Feuer stets am Brennen zu halten.

Wenn es nötig ist, ziehen die Frauen mit in den Kampf. Dann unterstützen sie ihre Männer, indem sie sich laut schreiend und mit erhobenen Armen auf die Feinde stürzen, wobei sie Hiebe und Tritte austeilen.

2. Was meinst du? Hatten es die keltischen Frauen besser als die Frauen heute? Begründe.

Name: Datum:

Sind die Kelten Kopfjäger?

1. Lies und unterstreiche, was die Kelten über den Kopf denken.

Für die Griechen und Römer sind die Kelten Barbaren mit primitiven Sitten und Künsten. Sie halten sie sogar für Kopfjäger, weil die Kelten auf ihren Feldzügen die Köpfe der Gegner einsammeln.

Je mehr Köpfe ein Krieger besitzt, desto höher ist sein Ansehen. Oft heben die Kelten die errungenen Köpfe über Generationen auf, schmücken damit ihre Häuser und legen sie in die Tempel. Sie glauben nämlich, dass der Kopf eines Feindes den Sieger vor Krankheit und Unheil schützen würde.

Der Kopf ist für sie der wichtigste Körperteil. Er macht ihrer Meinung nach erst den Menschen zu einem menschlichen Lebewesen, denn ohne Kopf kann der Mensch ja nicht leben. Er gilt als Sitz des Übersinnlichen, als Quelle der Lebenskraft. In ihren Kunstwerken haben sie oft Köpfe dargestellt. Sie haben sie gemalt und in den verschiedensten Materialien dargestellt.

2. Beantworte die Fragen zum Text.

1) Wofür halten Griechen und Römer die Kelten?

Sie halten sie für Barbaren mit primitiven Sitten und Künsten und für Kopfjäger.

2) Womit schmücken keltische Krieger ihre Häuser?

Sie schmücken ihre Häuser mit errungenen Köpfen.

3) Warum tun sie das?

Sie tun das, weil sie glauben, dass der Kopf eines Feindes den Sieger schützt.

4) Warum ist für sie der Kopf so wichtig?

Er macht den Menschen zu einem menschlichen Lebewesen. Er ist der Sitz des Übersinnlichen und die Quelle der Lebenskraft.

3. Erkundige dich.
Suche im Internet nach Bildern, die von den Kelten hergestellte Köpfe zeigen. Gestalte damit ein Plakat. Fasse darauf in deinen eigenen Worten zusammen, weshalb der Kopf für die Kelten so wichtig war. Welchen Körperteil findest du am wichtigsten? Begründe.

Name: Datum:

Erfindungen und Städtebau

1. Lies und unterstreiche die besonderen Leistungen und Erfindungen der Kelten.

Die Kelten sind große Erfinder und geschickte Arbeiter. Sie besitzen Bergwerke, wo sie Salz und Eisenerz gewinnen. Sie können nicht nur farbiges Glas herstellen, sondern sie erfinden auch das Fass, ebenso wie das Wagenrad mit Eisenreifen und die dicken Mühlsteine zum Mahlen des Getreides.

Nicht nur die Griechen und die Römer bauen große Städte, sondern auch die Kelten gründen viele große Städte mit Markt und Stadtmauern. Dazu gehören zum Beispiel Paris, Turin, Budapest und Ankara, in denen viele Tausend Menschen leben.

In ihren Städten gibt es verschiedene Wohn- und Handelsviertel mit Werkstätten der verschiedenen Handwerksgruppen und kleine Fabriken, in denen Männer und Frauen Waffen und Gegenstände für den täglichen Gebrauch wie Kleidung und Schuhe herstellen. Die Kelten betreiben einen ausgedehnten Handel und prägen als Erste in Mitteleuropa Goldmünzen.

2. Schreibe auf.

1) Nenne mindestens drei Erfindungen der Kelten.

farbiges Glas, Fass, Wagenrad mit Eisenreifen, Mühlsteine, …

2) Nenne mindestens drei Städte, die die Kelten gegründet haben.

Paris, Turin, Budapest, Ankara, …

3) Nenne zwei Merkmale der keltischen Städte.

Markt, Stadtmauern, Wohn- und Handelsviertel

4) Nenne mindestens zwei Gegenstände, die in Werkstätten und Fabriken hergestellt werden.

Waffen, Kleidung, Schuhe, …

5) Was stellen die Kelten als Erste in Europa her?

geprägte Goldmünzen

3. Erkundige dich.
Gibt es in deiner Region ein Museum oder eine Ausstellung über die Kelten? Vielleicht könnt ihr mit der Klasse einen Ausflug dorthin machen.
→ *Lösung Rechercheaufgaben 2*

Name: Datum:

Der Glaube und die Götter der Kelten

1. Lies den Text und unterstreiche die Wörter, die dir besonders wichtig sind.

Die Kelten glauben an die Unsterblichkeit der Seele und an die Unzerstörbarkeit der Welt. Daher sind sie besonders furchtlose Kämpfer, die von den Griechen und Römern sehr gefürchtet werden.

Da sie an das Leben nach dem Tod glauben, geben sie ihren Toten herrliche Grabbeigaben mit ins Grab. Das zeigt zum Beispiel ein Fürstinnengrab von 400 v. Chr. aus Reinheim im Saarland, wo die Kelten durchgehend mindestens 10 000 Jahre lang wohnen.

Für die Kelten ist die Welt voller Götter und Geister. Die obersten Götter bilden eine Dreiheit. Diese drei Götter werden oft als ein Kopf mit drei Gesichtern dargestellt. Überhaupt ist für die Kelten die Zahl Drei der Ausdruck der Vollkommenheit.

2. Schreibe die unterstrichenen Wörter auf deinen Notizblock und erzähle deinen Klassenkameraden nur mithilfe deiner Notizen, was du im Text erfahren hast.

3. Schreibe jeweils den Buchstaben auf, der im Alphabet davor steht. Dann erfährst du, wie die drei obersten Götter der Kelten hießen.

U D V U B U D T
T E U T A T E S

D T V T
E S U S

U B S B O J T
T A R A N I S

4. Erkundige dich.
Jedem Gott wurden bestimmte Eigenschaften und Aufgaben zugeschrieben. Was waren sie bei diesen drei Göttern? Informiere dich in Büchern oder im Internet und präsentiere deine Erkenntnisse deinen Klassenkameraden. Vielleicht findest du noch mehr interessante Informationen über die keltischen Götter und die religiösen Feiern, die es damals gab. Berichte deinen Klassenkameraden auch davon. → *Lösung Rechercheaufgaben 2*

Name: ______________________ Datum: ______________

Der wichtigste Kultgegenstand der Kelten

1. Lies und beantworte dann die Fragen zum Text.

Die Kelten stellen ein Gefäß her, das aussieht wie ein großer Kochtopf, aber eine weit größere Bedeutung hat. Es ist der heilige Kessel, ein Gefäß mit magischer Bedeutung. Die Kelten schätzen den Kessel so sehr, weil er in Verbindung mit den beiden Elementen Feuer und Wasser zum Erhalt des Lebens beiträgt. Nicht jeder Kelte darf so ein kostbares Gefäß besitzen.

Die Kessel aus Ton werden im Laufe der Zeit durch Kessel aus Metall ersetzt. Sie werden kunstvoll gestaltet und mit Verzierungen und Abbildungen von Göttern, Göttinnen oder Tieren geschmückt.

Die Kessel sind Opfergefäß und Grabbeigabe. Besonders schöne Kessel werden als Weihegabe an die Götter überall in Europa in den verschiedensten Gewässern versenkt.

Ein besonders imposanter Kessel ist der Bronzekessel des Fürsten von Hochdorf, der im Württembergischen Museum in Stuttgart zu sehen ist. Dieser Kessel fasst ca. 500 Liter.

1) Warum ist den Kelten der Kessel heilig? *weil er zum Erhalt des Lebens beiträgt*
2) Aus welchem Material werden Kessel hergestellt? *erst aus Ton, später aus Metall*
3) Wie werden die Kessel verschönert? *mit Verzierungen, Abbildung von Göttern oder Tieren*
4) Wozu werden sie verwendet? *als Opfergefäß und Grabbeigabe*
5) Welcher Kessel fasst 500 Liter? *der Bronzekessel des Fürsten von Hochdorf*

2. Was ist dein wichtigster Gegenstand? Warum hat er eine so große Bedeutung für dich? Male ihn und verziere ihn so, wie es die Kelten mit ihrem heiligen Kessel taten.

Name: ______________________ Datum: ______________

Der Untergang der Kelten

1. Lies den Text und erkläre dann in deinen eigenen Worten, weshalb es die Kelten heute nicht mehr gibt.

Mit dem wirtschaftlichen Aufschwung entstehen zunehmend Spannungen und Konflikte zwischen und innerhalb der Stämme. Mit der Zeit gehen die gemeinsamen Ziele und der gemeinsame Glaube verloren. Das alles schwächt die Stämme. Die Überlebenschancen gegenüber den Römern und anderen Feinden werden dadurch immer geringer.

Im letzten Jahrhundert v. Chr. werden die Kelten im Norden von den Kimbern und Teutonen bedrängt und im Süden von den Römern. Bald verlieren sich ihre Spuren. Viele Kelten werden in den Schlachten von den Feinden getötet, viele haben sich mit den Römern vermischt. Als Volk verschwinden die Kelten um die Zeitenwende aus der Geschichte.

2. Richtig oder falsch? Kreuze an.

	richtig	falsch
1) Spannungen und Streitereien schwächen die keltischen Stämme.	×	
2) Es gibt keine Spannungen und Konflikte bei den Kelten.		×
3) Sie vernichten ihre Feinde.		×
4) Sie können die Angriffe ihrer Feinde nicht mehr erfolgreich abwehren.	×	
5) Viele Kelten werden bei diesen Kämpfen getötet.	×	
6) Viele Kelten mischen sich mit den Ägyptern.		×
7) Um die Zeitenwende gehen die Spuren der Kelten in Europa verloren.	×	
8) Viele Kelten mischen sich mit den Römern.	×	

Lösung Rechercheaufgaben 1

So leben die Neandertaler **S. 16**
3. *Auf der Museumshomepage gibt es viele Informationen: www.neanderthal.de.*

Die Fortschritte der Cro-Magnon-Menschen **S. 18**
2. *Wenn du das Stichwort „Cro-Magnon-Mensch" bei einer Suchmaschine, zum Beispiel bei www.helles-koepfchen.de, eingibst, erhältst du viele weitere Informationen.*

Ötzi, der Mann aus dem Eis **S. 19**
3. *Gib bei einer Suchmaschine, zum Beispiel bei www.fragfinn.de, die Stichwörter „Ötzi" beziehungsweise „Bergwanderer Ausrüstung" ein.*

Die Kleidung der Steinzeitmenschen **S. 20**
3. *Gib bei einer Suchmaschine, zum Beispiel bei www.blinde-kuh.de, das Stichwort „Museum Steinzeit" ein.*

Leben mit der Natur **S. 26**
1) *Der Natur ausgeliefert sein heißt, mit der Natur leben und sich ihr anpassen.*
2) *Gegen die Natur leben bedeutet, dass man sich ihr nicht anpasst, sondern sie nach seinen Wünschen verändert oder Dinge erfindet, die ermöglichen, dass man nicht auf die Gegebenheiten der Natur achten muss. Zum Beispiel, wenn Staudämme gebaut werden, damit man Strom erzeugen kann, den man dann für Licht und Heizung nutzt, sodass man es Tag und Nacht und zu jeder Tageszeit hell und warm hat. Für die Natur ist das nicht immer gut.*

Die ersten Künstler **S. 27**
3. *Gib bei einer Suchmaschine „Altamira" beziehungsweise „Lascaux" ein.*

Die Religion der Steinzeitmenschen **S. 30**
3. *Gib bei einer Suchmaschine das Stichwort „Kultstätte Steinzeit", „Stonehenge" oder „Hünengräber" ein.*

Woher hat die Steinzeit ihren Namen? **S. 31**
2. *Gib bei einer Suchmaschine das Stichwort „Steinzeit" und die Stadt, den Landkreis oder das Bundesland, in dem du wohnst, ein.*

Redensarten mit und rund um den Stein **S. 33**
2. *z.B.: jeden Stein umdrehen = intensiv suchen; den ersten Stein werfen = einen Streit anfangen; in Stein gemeißelt sein = unveränderlich sein; ein Tropfen auf dem heißen Stein = viel zu wenig; keinen Stein auf dem anderen lassen = alles zerstören; Steter Tropfen höhlt den Stein. = Beständigkeit zahlt sich aus.*

Der Mensch nutzt das Feuer **S. 36**
2. *Gib bei einer Suchmaschine das Stichwort „Lagerfeuer" ein.*

Auf der Jagd **S. 40**
4. *Gib bei einer Suchmaschine den Namen des ausgewählten Tieres ein.*

Lösung Rechercheaufgaben 2

Der Beginn des Metallzeitalters **S. 47**
4. *Das Verhältnis von Kupfer und Zinn ist 9:1.*

Hütten und Häuser in der Bronzezeit **S. 48**
3. *Infos zu den beiden im Text genannten Freilichtmuseen findet ihr auf den Homepages: www.archaeo-zentrum.de beziehungsweise www.pfahlbauten.de.*

Wichtige Erfindungen in der Bronzezeit **S. 49**
3. *Wenn du eine der Erfindungen als Stichwort bei einer Suchmaschine eingibst, erhältst du viele interessante Informationen.*

Die Kelten, ein „Volk" der Eisenzeit **S. 51**
3. *Wenn man etwas aufschreibt, kann das Geschriebene von Menschen gelesen werden, die an einem anderen Ort oder zu einer späteren Zeit leben. Es kann nicht vergessen werden. Schrift wird zum Beispiel zum Schreiben von Büchern und Briefen verwendet.*

Eisenverhüttung, Ackerbau und Viehzucht **S. 52**
2. *Wenn du einen der Begriffe als Stichwort bei einer Suchmaschine eingibst, erhältst du viele interessante Informationen.*

Die Druiden **S. 53**
2. *Gib „Eiche" oder „Mistel" als Stichwort bei einer Suchmaschine ein. Dann erfährst du viel über sie.*

Erfindungen und Städtebau **S. 56**
3. *Gib bei einer Suchmaschine das Stichwort „Kelten Museum" und die Stadt, den Landkreis oder das Bundesland, in dem du wohnst, ein.*

Der Glaube und die Götter der Kelten **S. 57**
4. *Teutates: Herr des Volkes, Vater der Menschen, Erfinder der Künste*
Esus: Schutzherr der Arbeit in Feld und Wald, oft als Stier dargestellt, im Norden als Stammvater aller Götter verehrt
Taranis: Gott des Donners, des Blitzes, des Gewitters; Beherrscher des Himmels
Weitere Informationen findest du, wenn du bei einer Suchmaschine den Namen einer der Götter oder das Stichwort „Kelten Götter" eingibst.